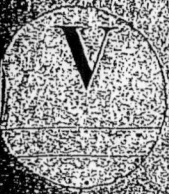

CATALOGUE

DES

DESSINS, ÉTUDES ET CROQUIS,

DE M. NICOLLE,

ARTISTE DESSINATEUR,

ET DES TABLEAUX, DESSINS, ESTAMPES, RECUEILS, USTENSILES DE PEINTURE ET OBJETS DE TOUS GENRES, RELATIFS AUX ARTS, COMPOSANT SON CABINET

DONT LA VENTE APRÈS SON DÉCÈS AURA LIEU,

HOTEL DE BULLION, SALLE N°. 3.

Les lundi 13 mars, six heures de relevée, et neuf jours suivans, matin et soir, à l'exception des lundi 20 et mardi 21, auxquels jours la vente n'aura lieu qu'à six heures de relevée.

L'exposition sera publique les samedi 11 et dimanche 12 mars, de midi à trois heures. Il y aura en outre exposition, les jeudi 16 et dimanche 19 mars, des objets qui n'auront point encore été vendus.

CE CATALOGUE SE DISTRIBUE.

Chez MM. {
LECOMTE, commissaire-priseur, rue Hauteville, n°. 26;
PÉRIGNON, peintre, rue du Dauphin, n°. 1, au coin de celle de Rivoli.

1826.

ORDRE DE LA VENTE.

Exposition générale les samedi 11 mars et dimanche 12,
de midi à quatre heures.

———

Première semaine.

La totalité des tableaux du n° 1 au n° 150 inclusivement seront vendus dans les trois vacations des lundi soir et mardi matin et soir.

La partie des dessins du n° 151 au n° 278 inclusivement sera vendue dans les deux vacations du mercredi matin et soir.

Il y aura jeudi, de midi à trois heures, exposition des dessins restant *seulement*.

Les dessins du n° 279 au n° 340 inclusivement seront vendus jeudi soir.

Ceux du n° 341 au n° 410 inclusivement seront vendus vendredi matin.

Ceux du n° 411 au n° 471 inclusivement seront vendus vendredi soir.

Ceux du n° 472 au n° 542 inclusivement seront vendus samedi matin.

Les divisions du n° 543 et les miniatures, fixes, etc. jusqu'au n° 556 inclusivement, seront vendus samedi soir.

Seconde semaine.

Dimanche 19 mars, exposition, de midi à quatre heures, des ouvrages de M. Nicolle, des estampes, recueils, etc. et des objets divers.

Les ouvrages de M. Nicolle, du n° 772 au n° 885 inclusivement, seront vendus dans les deux vacations du lundi 20 mars, matin et soir.

Les estampes, recueils, lithographies du n° 557 au n° 770 inclusivement, seront vendus dans les quatre vacations des mardi soir, mercredi matin et soir, et jeudi matin.

Les divisions du n° 771, et les objets divers du n° 886 au dernier n° 902, termineront la vente le jeudi soir.

AVANT-PROPOS.

La vie de M. Nicolle peut être écrite en peu de mots; il naquit le 18 octobre 1754, à Paris, où il vient de terminer une carrière laborieuse et honorable, le 26 janvier 1826. Il fit trois fois le voyage de Rome et de Naples, et parcourut toute l'Italie avec une curiosité et un zèle infatigables; il fit aussi de nombreux voyages en France, en Suisse et en Savoie, et dans toutes ces courses dessina tout ce qui se présenta de remarquable à ses yeux, comme le prouve la quantité d'études et de livres de croquis intéressans qu'il a laissés. Tout le reste de son existence a été circonscrit dans son modeste atelier. L'habitude constante et l'amour du travail lui ont fait produire une grande quantité de Dessins précieux dans leur exécution, et intéressans, parce qu'ils étaient le résultat des observations faites pendant ses divers voyages et de son savoir en architecture et dans la perspective. Une foule d'études de tous genres, qui ont été le seul moyen par lequel il est arrivé à sa réputation bien méritée, remplissent toute sa demeure, ainsi que la quantité de Tableaux, Dessins, Estampes et Livres, tant anciens que modernes, dont son amour pour la perfection de son art l'ont porté à s'entourer, et dans l'acquisition desquels il plaçait toutes ses économies. Ces objets, sans être de la plus haute importance, ont de l'intérêt; ils ont tous ce cachet et ce goût que l'on trouve dans les collections réunies par les artistes; outre les tableaux, les esquisses et les dessins des Bibiene, Bolognèse, Canaletti, Carrache, Guerchin, Hacquert, Pannini, Polidore, Gaspre, Salvator, Van-Artois, Berghem, Breughel, Francisque, Herman, Mieris, Rembrandt, Boucher, Bourdon, Bourguignon, Casanove, Crepin, Delarue, Greuse, Houëlle, Lacroix, Fragonard, Moreau, Patel, Perelles, Poussin, J. Vernet, Subleyras, Theolon, etc., etc., on remarquera des suites nombreuses et intéressantes de dessins et eaux fortes de Boissieu, de dessins de Lantara, de gouaches de Moreau, d'aquarelles de Pérignon, d'études de Robert et de Chatelet, un dessin précieux de Claude Lorrain, et quelques ouvrages intéressans de MM. Bidault, Demarne, Cassas, Granet, Mallet, Thibault, Thienon, etc., etc.

1.

Les estampes, les recueils, les lithographies offriront aussi une variété intéressante pour les artistes ; enfin la suite considérable de dessins, d'études de tous genres, de livres de croquis, de calques, produit du travail opiniâtre de M. Nicolle, ne sera pas la moins curieuse pour les amateurs et les artistes, et la moins intéressante pour les spéculateurs*.

Voilà le seul héritage que cet artiste laborieux ait laissé à sa femme et à sa fille ; nous n'avons pas jugé utile d'entrer dans les détails d'un Catalogue raisonné, et nous n'avons fait cet abrégé que dans le but d'apporter l'ordre convenable à une vente aussi nombreuse et aussi variée; nous ne pouvons trop la recommander aux artistes, aux amateurs et aux spéculateurs; elle mérite toute leur attention; ils y trouveront l'occasion de contenter leur goût, de servir leur spéculation, et d'apprécier tout le mérite d'un artiste estimé, et aussi recommandable par la simplicité et la régularité de ses mœurs et par sa modestie parfaite, que par son précieux talent et l'étendue de ses connaissances.

---

* Les ouvrages de M. *Nicolle* sont catalogués depuis le n° 772 jusqu'au n° 885 inclusivement.

CATALOGUE

DE TABLEAUX,

DESSINS ET ESTAMPES.

TABLEAUX DES TROIS ÉCOLES.

1. **BIBIENA.** Deux tableaux représentant des paysages où l'on voit des monumens d'architecture. Ils sont ornés de figures.

2. Tableau représentant une voûte à travers laquelle on voit la mer. Sur les premiers plans, on voit quelques figures.

3. **BOLOGNESE** (Grimaldi). Un paysage agreste, où le peintre a introduit le sujet de la fuite de la Sainte-Famille.

4. *Même école.* Quatre autres paysages, offrant des sites d'Italie, ornés de figures. *Cet article sera divisé.*

5. **CASTIGLIONE** (Benedette). Un tableau très-fin, représentant l'adoration des bergers ; des groupes d'anges occupent le haut de la composition.

6. Deux tableaux représentant des marches d'animaux. *Cet article sera divisé.*

7. **CIROFERRI.** Une riche composition, représentant une allégorie.

8. **FETI** (Dominique). Une petite esquisse pleine d'esprit et d'effet, sujet de la charité humaine.

9. **GASPRE** (Dughet). Deux très-jolis paysages avec fabriques, ornés de plusieurs figures.

10. Un tableau touché avec esprit, représentant un paysage, orné de fabriques et de quelques figures. *Forme ronde.*

11. Deux très-bons tableaux de la bonne manière du maître, représentant des paysages de sites historiques et ornés de figures.

12. *Manière du Gaspre.* Quatorze bons tableaux, représentant des paysages offrant des sites d'Italie, ou historiques, et ornés de figures. *Cet article formera plusieurs lots.*

13. GIORDANO (Lucas). Un tableau agréable, représentant des génies et des amours portés sur des nuages, et un tableau très-fin, représentant la crèche.

14. GOFFREDI. Tableau très-fin, représentant un paysage avec fabriques, orné de figures.

15. GUARDI. Deux tableaux de la bonne manière du maître, représentant des places de la ville de Venise, ornés de plusieurs groupes de figures.

16. Trois petits tableaux, vues de Venise. *Cet article sera divisé.*

17. LAURI (Philippe). Petite esquisse représentant un paysage.

18. *Même manière.* Daphnée changée en laurier.

19. LOCATELLI. Paysage d'un site agreste ; on voit sur les devans un homme assis près d'un torrent.

20. MOLA (Francesco). Fragment de la composition de la vision de saint Bruno dans le désert.

21. Le repos de la Sainte-Famille.

22. NAPOLITAIN (Philippe). Deux tableaux ; dans l'un desquels on voit une danse de paysans au milieu d'un paysage et à côté d'une ruine.

23. RIBERA. Jolie esquisse représentant saint Jérôme dans un désert.

24. TEMPESTE. Esquisse largement touchée, représentant un paysage à l'effet du soleil couchant ; on voit plusieurs figures de chasseurs à pied et à cheval.

25. VITELLI (Gasparo Van). Esquisse représentant une vue d'Italie ; on voit plusieurs figures sur le devant.

26. Esquisse touchée avec facilité, représentant une vue de Rome.

7

27. Vue d'Italie avec fabriques et quelques figures, largement touchées.

28. ZUCHERELLI. Une esquisse touchée avec facilité, représentant une marine avec quelques figures.

29. *Manière de Zucherelli*. Six tableaux, offrant des paysages, ornés de figures. *Cet article formera plusieurs lots.*

30. ARTOIS (Van). Un paysage où l'on voit une rivière, des arbres élevés en avant, un lointain de paysage, et plusieurs figures.

31. BAUT ET BOUDEWINS. Un petit tableau très-fin d'exécution, où l'on remarque plusieurs figures auprès d'une rivière et plus loin un pont ombragé par des arbres élevés.

32. Deux tableaux légèrement touchés, représentant des paysages; on remarque dans l'un quelques figures auprès de rochers et des arbres élevés.

33. Un paysage où l'on remarque en avant un convoi militaire.

34. Un paysage touché largement; on y remarque sur une route un muletier conduisant ses mules.

35. Trois paysages, ornés de figures. *Cet article sera divisé.*

36. BREUGHEL LE VIEUX. Un paysage, où l'on voit deux bûcherons.

37. BRIL (Mathieu). Tableau très-fin, représentant un paysage éclairé en partie par un coup de soleil, en avant et dans l'ombre sont des bergers gardant un troupeau de chèvres.

38. BRIL (Paul). Un paysage, où l'on remarque en avant Daphné prête à être changée en laurier.

39. *Même école.* Paysage à l'effet du soleil couchant; on y voit quelques figures.

40. COQUES (Gonzales). Un petit portrait d'homme très-bien peint. *Forme ovale.*

41. DOES (Vander). Un paysage où l'on remarque un jeune pâtre gardant son troupeau. *Forme ronde.*

42. MILLET (Francisque). Un tableau de la meilleure manière du maître, représentant un paysage traversé par une rivière et orné de fabriques et de figures.

43. Joli tableau représentant un paysage où l'on voit quelques figures sur différens plans, et en avant des bergers conduisant leurs troupeaux.

44. Deux paysages offrant des sites variés et pittoresques, ornés de figures.

45. Deux tableaux, paysages exécutés dans la même manière.

46. FRANCK (François). Tableau très-fin, riche de composition, représentant le triomphe de Bacchus.

47. Un tableau, sujet de l'adoration des bergers.

48. GRIEF. Un paysage hollandais, où l'on voit un chasseur tirant un coup de fusil; il est entouré de ses chiens.

49. HUYSUM (Van). Un paysage d'un site agréable où l'on remarque quelques figures de baigneuses.

50. KABEL (Van der). Marine à l'effet du soleil couchant.

51. MINDERHOUT. Un port de mer où l'on voit beaucoup de figures en avant et divers bâtimens dans le fond.

52. MOLENAERT. Deux vieillards dont un tient un pot à bierre, tableau peint dans la manière de Teniers.

53. OS (Van). Un petit tableau représentant une marine avec quelques bâtimens; effet de soleil couchant.

54. PEETERS (Bonaventure). Une marine représentée pendant une tempête.

55. Deux autres tableaux représentant aussi des marines.

56. RISBRACK. Deux tableaux représentant des monumens antiques et ornés de figures.

57. Un paysage d'un stile agreste, traversé par une rivière et orné de fabriques et de figures.

58. ROESER. Deux paysages; dans l'un on remarque quelques figures au bord d'une rivière.

59. ROOS (de Tivoli). Deux tableaux très-fins représentant

des troupeaux de bestiaux dans des paysages et gardés par des paysannes.

60. Deux tableaux, représentant des marches d'animaux dans des paysages. *Forme ronde.*

61. SWANEWELT (Herman). Paysage d'un site agreste où l'on voit une ruine parmi des rochers et des broussailles, on remarque aussi quelques figures; ce paysage est éclairé par le soleil couchant.

62. Un paysage agreste peint d'une manière large et prononcée ; on remarque en avant des bouquets d'arbres dans le fond est un lointain riche et varié.

63. WAGNER. Deux jolis paysages d'un ton chaud, l'un représente au bord d'une rivière une habitation rustique entourée d'arbres, on y remarque plusieurs figures et animaux; dans l'autre on voit parmi des rochers et des broussailles diverses figures et animaux.

64. VLIEGER (Simon de). Jolie petite marine légèrement touchée.

65. WICK (Thomas). Un tableau représentant un port de mer et orné de figures.

66. WITTE (Emmanuel de). Deux intérieurs d'églises où l'on remarque divers groupes de figures.

67. BARBAULT. Portrait d'homme en pied et vêtu de noir.

68. BAUJIN (Lubin). Un tableau représentant la présentation au temple.

69. BENAZECK. Esquisse représentant une jeune femme tenant son enfant sur ses genoux.

70. M. BIDAULT. Une étude touchée avec esprit, représentant une vue d'Italie ; on y remarque quelques figures auprès d'une cascade.

71. Un petit paysage offrant une vue d'Italie ; on y remarque sur le devant un religieux en prière.

72. BOUCHER (François). Paysage où l'on voit un troupeau de bestiaux conduit par des pâtres montés sur des mulets chargés de ballots.

73. BOUCHER. Une esquisse peinte sur carton, offrant le sujet de la Vierge présentant l'enfant Jésus à saint François et plusieurs saints et saintes.

74. Un paysage champêtre où l'on remarque un moulin à eau et quelques figures ; et deux études de paysage dont une dans la manière de Salvator. *Cet article sera divisé.*

75. BOURDON (Sébastien). Joli paysage avec fabriques et orné de quelques figures. B.

76. CASANOVE. Une petite esquisse représentant un combat de cavalerie.

77. CASKEL. Deux vues anciennes de Paris ornées de figures.

78. CHAPERON. Trois esquisses, dont l'une représente Achylle reconnu par Ulysse à la cour de Nicomède. *Cet article formera deux lots.*

79. COTIBERT. Petit tableau d'une exécution fine, où l'on voit une jeune fille gardant ses moutons.

80. COURTOIS. Paysage avec fabriques et figures, exécuté dans la manière de Claude Lorrain. *Forme ronde.*

81. CREPIN. Un site agreste, où l'on voit des rochers d'où jaillissent des cascades ; on y remarque quelques figures.

82. Quatre tableaux représentant divers sites de paysages, ornés de figures. *Cet article formera plusieurs lots.*

83. CROIX (C. de la). Petit tableau où l'on voit des figures de femmes groupées au milieu des rochers.

84. DANLOUX. Un portrait de jeune femme.

85. M. DEMARNE. Une esquisse touchée largement, où l'on remarque une paysanne et quelques animaux sur une prairie.

86. DROLLING. Un petit tableau très-fin, représentant une jeune fille et un jeune garçon assis ; près d'eux est leur chien.

87. DROUAIS. Une esquisse représentant Jésus-Christ rendant la vue à un aveugle né.

88. M. DUBUCOURT. Un paysage où l'on remarque sur le premier plan des vendangeurs et des paysans assis et prenant leur repas.

89. FERREST (J.-Baptiste). Esquisse largement touchée représentant un paysage. *Forme ovale.*

90. *Même manière.* Quatre paysages où l'on remarque divers sujets et figures. *Cet article formera plusieurs lots.*

91. FRAGONARD (Honoré). Une esquisse d'un effet piquant, représentant une voûte qui donne jour à une caverne où sont plusieurs figures.

92. Un paysage en partie ombragé par des grands arbres. *Forme ronde.*

93. Une esquisse dans la manière de Benedette ; représentant une marche de figures et animaux dans un paysage.

94. GALLOCHE. Une riche composition représentant les apprêts d'un sacrifice.

95. GREUZE (École de). Deux têtes de femmes.

96. HOUEL. Deux paysages très-fin d'exécution et ornés de figures, offrant des vues prises en Italie.

97. LEMAIRE POUSSIN. Un beau tableau offrant divers monumens d'architecture et orné de figures ; on y remarque le Colisée.

98. LÉPICIÉ. Très-jolie esquisse offrant une jeune fille repentante aux genoux de sa mère et présentée par un ecclésiastique.

99. MACHY. Une vue des Tuileries, prise de la place Louis XV.

100. *Présumée de* M. MALLET. Une esquisse touchée avec facilité, représentant une diseuse de bonne aventure consultée par plusieurs paysans.

101. MAUPERCHÉ. Un paysage de style historique ; on y remarque quelques figures.

102. M. MICHEL. Petit paysage où l'on voit une chaumière derrière un monticule.

103. MOREAU. Un tableau d'une touche facile, représentant un paysage champêtre, où l'on remarque une habitation rustique.

104. La vue d'un jardin en partie éclairé par le soleil.

105. M. NAUDOU. Petit paysage éclairé par le soleil couchant ; on y remarque un voyageur traversant un pont rustique.

106. OUDRY. Deux tableaux représentant des vaches et des moutons, et diverses études peintes d'après des Chameaux.

107. PATEL. Deux tableaux représentant des paysages ornés de figures.

108. PAU (Saint-Martin). Deux études paysages peintes à l'huile sur carton.

109. PERRIER. Une esquisse, sujet d'une prédication.

110. RAOUX (Manière de). Jeune femme jouant de la guitare, et ajustée à l'espagnol.

111. RESTOUT. Une esquisse, sujet de la scène.

112. ROBERT. Deux jolis tableaux offrant divers monumens d'architecture, ornés de figures.

113. Un autre offrant également des ruines et aussi orné de figures.

114. Un tableau représentant un sculpteur occupé dans son atelier, pratiqué dans un monument antique.

115. Neuf tableaux et esquisses offrant des vues de paysages et autres, variés par divers épisodes, et trois autres dans sa manière. *Cet article formera plusieurs lots.*

116. SABLÉ. Deux paysages ornés de figures ; dans l'un on voit des marins faisant battre leurs chiens.

117. SARAZIN. Deux paysages : l'un est éclairé par le soleil couchant ; on y remarque quelques figures, l'autre représente un clair de lune.

118. SUBLEYRAS. Étude de paysage faite en Italie, et sur le devant de laquelle on remarque quelques figures.

119. Une tête de Turc grande comme nature.

120. THEOLON. Tableau d'une touche précieuse et d'une excellente couleur, représentant une femme âgée.

121. Une tête de vieillard, dans la manière de Rembrant.

122. Esquisse représentant un groupe d'un jeune garçon et d'une jeune fille dans un paysage.

123. Une esquisse représentant un vieillard dans son réduit.

124. VALENCIENNES. Étude de paysage.

125. VERMONT (Collin de). Esquisse bien touchée, représentant un sujet d'histoire.

126. VERNET (Ignace). Des pêcheurs auprès d'arbres et de rochers. *Ovale en hauteur.*

127. VLEUGHEL (le chevalier). Une allégorie sur la peinture, composition touchée avec esprit.

128. VOUET (Simon). St.-Pierre délivré par l'Ange.

129. CARRACHE (Ecole des). Tableau représentant la descente de croix.

130. GUIDE (d'après le). La Magdeleine pénitente.

131. MARATTE (Ecole de Carle). Un tableau représentant la Vierge et l'enfant Jésus.

132. MURILLOS (manière de). La Vierge et l'enfant Jésus.

133. PANNINI (d'après). Deux tableaux représentant divers monumens d'architecture auprès desquels on voit quelques figures.

134. DICK (manière de Van). Une esquisse largement touchée, représentant Saint-Sébastien.

135. JARDIN (d'après Karel du). Jolie copie d'après un des paysages que l'on voit au Musée royal.

136. Un joli tableau, très-fin d'exécution, représentant un paysage; on remarque en avant un dessinateur assis au bord d'une rivière.

137. MOUCHERON (manière d'Isaac). Un paysage où l'on voit des ruines et orné de figures.

138. POEL (manière de Vander). Un incendie pendant la nuit.

139. TENIERS (Ecole de). Un paysage où l'on voit sur le devant une femme occupée à traire sa vache, et près d'elle un paysan, plusieurs animaux et autres détails.

40. ZORG (manière de). Un petit tableau représentant

un intérieur rustique ; on remarque en avant divers ustensiles de ménage.

141. BAUGIN (manière de Lubin). Sujet de la Sainte-
Famille dans un paysage.

142. MIGNARD (Ecole de). Un tableau représentant la
Vierge, l'enfant Jésus et saint Joseph.

143. RIGAUD (manière de). Un portrait de Louis XIV,
en buste de grandeur de nature.

144. STELLA (manière de). Deux tableaux sur cuivre :
l'un représente l'éducation de la Vierge, l'autre saint
Antoine et saint Jérôme.

145. WATTEAU (manière de). Un tableau représentant
un groupe de trois figures dans un jardin.

146. Un paysage, où l'on remarque quelques figures.

147. Esquisse représentant des jeunes femmes en costumes
espagnols, groupées dans un paysage.

148. WENINX (manière de). Un paysage où l'on remarque plusieurs figures près de divers monumens.

149. Plusieurs études d'après nature, têtes, paysages, et
fragmens de tableaux par différens maîtres, qui seront divisés sous ce numéro.

150. Les tableaux omis ou non catalogués seront divisés
sous ce numéro.

---

*Dessins anciens et modernes, Aquarelles et
Gouaches, des trois écoles, encadrés et en
feuilles.*

151. BELLA (Etienne della). Dix jolis croquis à la plume
et au lavis, représentant des figures et compositions, dix
autres offrant diverses études de figures et animaux, douze
autres, de caprices et études diverses. *Cet article formera
trois lots.*

152. BOLOGNÈSE (Grimaldi). Un paysage d'une plume large, au lavis et rehaussé de blanc. Deux dessins, paysages à la plume.

153. CANALETTI. Un joli dessin à la plume et au lavis, représentant un canal de la ville de Venise.

154. DOMINIQUIN. Un paysage d'une belle touche, à la plume et au lavis; un autre paysage à la plume.

155. GASPRE (Dughet). Deux études de paysages à la plume et au lavis; un paysage dessiné à la Sanguine.

156. GUARDI. Vue d'un pont de Venise, gouache très-finement exécutée.

157. GUERCHIN. Un dessin très-fin à la plume et au lavis, représentant une femme allaitant son enfant; un paysage à la plume, où l'on remarque plusieurs figures et une voiture de poste. *Cet article formera deux lots.*

158. PALME LE VIEUX. Beau dessin à la plume et lavé au bistre, représentant le Christ mort, soutenu par les anges.

159. PALMERIUS. Dessin capital, représentant des voyageurs et des paysans dans un paysage.

160. Dessin à la plume et lavé à l'encre de la Chine, représentant un paysage enrichi de figures et animaux.

161. Un dessin capital à la plume et au lavis, où l'on voit plusieurs groupes de figures et des animaux; deux dessins au lavis au bistre, représentant un paysage orné de figures.

162. Un dessin très-fin, représentant un paysage à la plume et légèrement colorié au lavis.

163. PANNINI. Belle aquarelle, vue du Colisée à Rome.

164. Deux paysages dessinés à la gouache, dont un représentant la cascade de Tivoli.

165. Trois dessins, riches de compositions, représentant des monumens d'architecture, à la plume et au lavis.

166. PARMESAN. Joli dessin à la plume, représentant une école de peinture.

167. PINELLI. Deux grandes aquarelles; dans l'une et

dans l'autre on voit des curieux observant des monumens antiques en ruines, et qui semblent découverts depuis peu.

168. Deux dessins largement exécutés au lavis sur papier blanc, représentant des scènes familières.

169. Trente-deux études de figures et groupes; quelques-unes à l'aquarelle.

170. POLIDORE. Deux précieux dessins à la plume, au lavis et rehaussés de blanc sur papier de couleurs, représentant des compositions dans le style des bas-reliefs antiques, et un petit dessin représentant un sujet d'histoire.

171. POLIDORE (manière de). Une grande frise; dessin à la plume et au lavis, et rehaussé de blanc, représentant l'histoire de la famille de Niobée.

172. JULES ROMAIN (attribué à). Un très-capital et beau dessin d'une grande dimension et très-riche de composition, représentant un combat sur une place de ville; il est à regretter que ce dessin ait beaucoup souffert, mais on y retrouve encore les indications qui l'on fait attribuer à ce grand peintre.

173. Trois dessins, forme de frise, sur une feuille roulée.

174. SALVATOR ROSE. Un paysage où l'on voit un homme assis sur des rochers.

175. TIEPOLO. Un dessin très-fin à la plume et au lavis, représentant une prédication.

176. Neuf croquis à la plume et au lavis offrant des figures, groupes, têtes et caricatures.

177. VITELLI (Gaspard Van). Une gouache capitale de composition offrant une vue d'Italie.

178. Deux gouaches et deux aquarelles gouachées dans la même manière, représentant des vues d'Italie. *Cet article sera divisé.*

179. ASSELYN. Un joli paysage avec fabriques dessiné au lavis, à l'encre de la chine.

180. Un précieux dessin au lavis représentant une rivière traversée par un pont.

181. Trois dessins légèrement tracés au crayon et lavés à l'encre de la Chine, représentant des vues d'Italie.

182. BAUR (Jean-Guillaume). Petite gouache représentant plusieurs fabriques et figures.

183. BEGA. Un dessin aux crayons noir et blanc sur papier bleu, représentant une jeune femme assise.

184. BREEMBERG (Bartholomée). Une gouache représentant un paysage; on y remarque diverses figures sur le premier plan.

185. Un dessin au lavis, à l'encre de la Chine, représentant les ruines d'une tour.

186. BERGHEM (Nicolas). Etude dessinée, représentant un bélier. Un dessin à la plume représentant un pâtre conduisant deux vaches; ce dessin a été retouché au lavis.

187. Deux études au crayon noir, dont une contre-épreuve, représentant des ânes, et une autre au crayon rouge, attribuée au même.

188. BLAREMBERG. Une gouache représentant deux jeunes garçons.

189. BRIL (Paul). Un paysage agreste avec figures dessinés à la plume et au lavis.

190. CABEL (Adrien Van der). Joli paysage dessiné à l'encre de la Chine.

191. DIETRICH. Un dessin très-fin, représentant Agar dans le désert.

192. FALLENS (Van). Joli dessin aux crayons noir et blanc sur papier jaune, représentant un paysage où l'on voit des voyageurs près de leurs montures.

193. HACKERT (Jacq. Ph. 1768). Une jolie gouache fine d'exécution, représentant un paysage champêtre orné de quelques figures.

194. Une gouache représentant un paysage avec figures.

195. Précieuse gouache représentant un paysage. On remarque en avant un homme péchant dans une rivière.

196. HOLLAR. Dessin à la pierre d'Italie, représentant l'entrée d'une forêt.

197. HUYSUM (Van). Un dessin à la plume et au lavis, représentant un paysage ; effet d'orage.

198. KOBEL D'ALLEMAGNE. Six paysages légèrement massés au lavis.

199. Vingt-trois paysages dessinés à la plume.

200. Une suite de quatre-vingts dessins à la plume.

201. Un lot de traits et compositions diverses de paysages.

202. LIENDER. Une jolie aquarelle représentant une vue de Hollande.

203. MIERIS (Guillaume). Un joli dessin sur vélin, précieux d'exécution, représentant une étude de femme.

204. Un dessin très-fin, à l'encre de la Chine, représentant Hercule tuant l'Hydre de l'Hérne.

205. MOUCHERON (Isaac). Un paysage agreste dessiné à la plume et au lavis ; on remarque en avant un saint en méditation ; deux dessins sur une seule feuille, représentant des vues de jardins.

206. REMBRANT (Van Ryn). Un petit dessin à la plume et au lavis, représentant Jacob, à qui on apporte la robe de Joseph. Un croquis à la plume et au lavis, à l'effet, sujet d'histoire. Un dessin à la plume et au lavis, représentant une mère et son enfant. Un paysage légèrement indiqué à la plume et au lavis. *Cet article sera divisé.*

207. Sept dessins et croquis, par *Rembrant* et dans sa manière, à la plume, dont, les Apprêts du départ de la Sainte-Famille, Jésus parmi les docteurs, l'ange et Tobie, etc.

208. STORK. Deux précieux dessins au lavis à l'encre de la Chine, représentant des marines avec divers bâtimens et navires.

209. TENIERS (David). Un croquis à la mine de plomb, représentant des singes faisant la barbe à des chats. Ce croquis a été retouché au lavis ; et un croquis au crayon, représentant divers groupes.

210. VELDE (attribué à Van den). Un précieux dessin à l'encre de la Chine, représentant un bâtiment pittoresque en ruines.

211. VERSCHURING. Trois dessins à la plume et au lavis, représentant des paysages et vues de châteaux.

212. WAGNER. Trois jolies gouaches, représentant des paysages avec figures.

213. Une jolie gouache, où l'on voit deux figures sur un chemin qui mène à une habitation rustique entourée d'arbres. Une autre, représentant un paysage, où sont quelques animaux.

214. WICK (Thomas). Un paysage dessiné à l'effet, au lavis, au bistre; représentant un pont ruiné et quelques figures en avant, au bord d'une rivière.

215. VISCHER. Une jeune fille les mains croisées et à mi-corps; dessin aux crayons noir et blanc sur papier bleu.

216. AUBIN (A. de St.). Trois aquarelles gouachées représentant des fêtes publiques et des intérieurs d'appartemens de châteaux.

217. Présumé de M. BALTAR. Un paysage d'un style historique et sévère, où l'on voit plusieurs tombeaux entourés d'arbres; en avant on voit une femme couchée et endormie.

218. BERTAUX (Duplessis). Un dessin très-fin à la plume représentant une marche de cavalerie.

219. M. BIDAULT. Aquarelle représentant un paysage d'un style historique, orné de figures.

220. Deux paysages dessinés à l'encre de la Chine.

221. BOISSIEU (J. J. de) Un dessin capital et de la plus belle manière de Boissieu, représentant l'ancienne porte de l'île Barbe à Lyon; on remarque en avant plusieurs figures éclairées d'une manière piquante.

222. Deux dessins importans et de l'exécution la plus fine, représentant des vues de la ville de Lyon; ils sont légèrement teintés à l'aquarelle. Cet article pourra être divisé.

223. Un dessin capital et d'un effet clair et léger, représentant une place de village où se trouvent plusieurs groupes de figures et quelques animaux.

224. Un joli dessin lavé au bistre, représentant un paysage

au milieu duquel s'élève un groupe de fabriques pittoresques; on remarque en avant un paysan causant avec
une villageoise.

225. BOISSIEU. Un dessin très-piquant d'effet et d'une
exécution précieuse sur papier teinté, représentant un
paysage où l'on voit quelques fabriques et des touffes d'arbres près d'un pont rustique éclairé par le soleil couchant.

226. Un dessin capital de composition à l'encre de
la Chine, représentant une vue dessinée au bord du
Tibre.

227. Un précieux dessin à la plume et au lavis mêlé de
bistre et d'encre de la Chine, représentant un paysage
agreste où l'on remarque d'un côté une ruine d'aquéducs
et plus loin un voyageur.

228. Un dessin piquant d'effet à la plume et au lavis à
l'encre de la Chine, représentant la cour d'une ferme.

229. Un dessin vigoureux d'effet au lavis au bistre, représentant les ruines d'un moulin; on remarque dans le
haut une femme prête à descendre un escalier.

230. Un dessin très-fin d'exécution, légèrement coloré, représentant un paysage où l'on remarque un pont, diverses
fabriques et en avant un voyageur.

231. Un paysage légèrement indiqué au crayon et au
lavis; on y remarque un chemin tournant au bord d'un
village.

232. Un précieux dessin au lavis à l'encre de la Chine et
au milieu duquel on voit une habitation rustique; on y
remarque plusieurs figures en avant.

233. Un dessin piquant d'effet à la plume et légèrement
coloré, représentant les dehors d'un moulin à eau.

234. Un dessin piquant d'effet et légèrement teinté, où
l'on remarque quelques fabriques et les débris d'une for-
tification.

235. Un dessin offrant les ruines de plusieurs fabriques;
ce dessin piquant d'effet est au lavis à l'encre de la
Chine.

236. BOISSIEU. Un dessin piquant d'effet au lavis à l'encre de la Chine, représentant une habitation rustique.

237. Un dessin au lavis au bistre, représentant un rocher au bord de la mer et les débris d'une tour.

238. Un dessin très fin représentant la vue de St.-Chaumont; il est au lavis à l'encre de la Chine.

239. Un dessin représentant un paysage terminé par des montagnes à la droite duquel on voit des rochers surmontés de divers fabriques.

240. Un paysage au lavis à l'encre de la Chine, représentant en avant une chute d'eau et plus loin diverses fabriques sur des rochers élevés.

241. Une jolie étude de l'exécution la plus fine et d'un effet large, représentant l'extérieur d'une habitation rustique, où l'on remarque un puits.

242. Un joli dessin, offrant une étude d'après quelques fabriques en ruines; ce dessin est légèrement teinté.

243. Un dessin au lavis au bistre, d'un effet large, représentant les fragmens des Thermes de Titus.

244. Un croquis légèrement indiqué au lavis, représentant quelques fabriques au milieu de rochers.

245. Une indication fine et spirituelle, au lavis à l'encre de la Chine, offrant un effet de soleil couchant; on remarque en avant un groupe de trois figures.

246. Joli croquis de paysage, légèrement massé à l'effet à l'encre de la Chine.

247. Un paysage à la plume, et lavé au bistre et à l'encre de la Chine; on y remarque un pont et quelques fabriques entourées d'arbres.

248. Une étude légèrement indiquée au lavis au bistre, représentant quelques fabriques en ruines.

249. Une étude légèrement indiquée au bistre, représentant un paysage agreste, au milieu duquel est une chute d'eau.

250. Une jolie étude au lavis à l'encre de la Chine, d'après le château Saint-Ange, à Rome.

251. Une jolie étude de paysage, légèrement indiquée à la plume et au lavis au bistre.

252. BOISSIEU. Une feuille d'études de diverses figures, légèrement tracées à la plume et au lavis.

253. Un dessin ferme d'effet et d'exécution, au crayon noir sur papier blanc, et représentant un homme âgé en buste.

254. Un dessin à l'estompe et au crayon, tête de vieillard grande comme nature.

255. Portrait d'un vieillard, dessin à l'encre de la Chine.

256. Une étude largement touchée, représentant un paysage à la plume et au lavis, et neuf dessins et études divers, par ou d'après *Boissieu*, qui seront divisés sous ce numéro.

257. BOISSIEU (manière de). Un dessin non terminé, représentant un paysage, et trois autres dans la même manière.

258. Cinq dessins au lavis et à l'encre de la Chine, terminés et représentant des paysages d'un effet piquant, imitations de Boissieu.

259. BOUCHER (François). Un dessin dans le goût de Benedette au crayon et coloré où l'on voit dans un paysage une marche d'animaux. Dix dessins et croquis de compositions et études diverses. *Cet article formera deux lots.*

260. M. BOURGEOIS. Un dessin à la plume et au lavis, au bistre, représentant une vue d'Italie; on remarque en avant deux religieux en prière devant une croix.

261. BOURGUIGNON. Joli croquis à la plume et lavé au bistre, représentant les suites d'une bataille.

262. M. CASSAS. Dessin à la plume et colorié représentant un paysage d'un style historique et agreste; on voit sur les devans deux figures près d'un torrent.

263. Une aquarelle précieusement exécutée, offrant un paysage, où l'on voit, près d'un temple en ruines, des Turcs examinant un bas-relief antique.

264. M. CHANCOURTOIS. Deux gouaches représentant des paysages.

265. CHATELET. Deux aquarelles représentant l'entrée de la grotte de Pausilippe et une vue aux environs de Naples. Deux autres, représentant diverses vues d'Italie, trois

paysages dessinés à l'aquarelle et ornés de figures, six autres, vues diverses d'Italie, de Naples et de Sicile. *Cet article formera plusieurs lots.*

266. CLERISSEAU. Une gouache représentant l'intérieur d'un temple ruiné. Cinq autres vues diverses d'Italie. Vingt autres, offrant divers monumens d'architecture. *Cet article formera plusieurs lots.*

267. DELARUE. Un dessin à la plume et au lavis, représentant une bacchanale.

268. Deux dessins au lavis au bistre, représentant des marches de cavalerie pendant l'orage. Une petite aquarelle représentant un Turc à cheval.

269. Neuf dessins, compositions et études à la plume et au lavis.

270. DESFRICHES. Deux paysages dessinés d'une manière très-fine, à la mine de plomb, sur papier blanc.

271. DESPRÉS. Six dessins à l'aquarelle, représentant diverses vues, paysages et intérieurs de villes ornés de figures.

272. DUMOUSTIER. Six portraits dessinés au divers crayons. *Cet article formera deux lots.*

273. DUTAILLY. Une gouache représentant un jeune homme et une jeune fille que l'on voit près d'une croisée.

274. M. D. FIND. Une aquarelle représentant un paysage sur le devant duquel on remarque une jeune femme et un jeune homme.

275. FRAGONARD (Honoré). Une étude d'après nature, au crayon rouge. Un dessin à la sepia, on remarque parmi plusieurs figures une jeune fille puisant de l'eau à une fontaine.

276. M. FRAGONARD. Dessin à l'encre de la Chine légèrement lavé, représentant un portrait allégorique de Buonaparte.

277. GAGNEREAUX. Un recueil de compositions dans le style antique.

278. M. GRANET. Deux dessins à la sepia, représentant des vues d'Italie.

279. GREUZE (J. B.). Une esquisse au crayon pour le sujet du fils puni.

280. Une tête de vieillard et une tête de jeune fille, au crayon rouge. Une contre-épreuve d'une étude de jeune fille.

281. M. HILAIR. Deux grandes gouaches représentant l'une le Val de Grâce, l'autre le Panthéon.

282. HOUEL (J.). Quatre grandes gouaches représentant des paysages, dont 3 non terminées. Sept autres gouaches et dessins représentant des paysages avec figures. *Cet article formera plusieurs lots.*

283. HUBERT. Une aquarelle précieuse d'exécution, représentant des paysans suisses réunis auprès de leurs habitations.

284. HUET. Une gouache représentant un jardin où sont quelques figures.

285. LALLEMAND. Une gouache vue d'Italie, ornée de figures. Quatre paysages dessinés au lavis. *Cet article formera deux lots.*

286. LANTARA. Un dessin au crayon noir sur papier blanc, représentant un paysage au milieu duquel on voit un pont, diverses fabriques et en avant des rochers.

287. Un dessin très-fin au crayon noir et à l'estompe sur papier blanc, représentant un paysage où l'on remarque des fabriques sur des rochers élevés et un pont rustique sur une rivière.

288. Petit dessin très-fin; il représente un paysage, sur le second plan, on voit une cascade traversée par un pont rustique, et sur les devants un grand arbre et des rochers.

289. Un paysage dessiné au crayon noir; on y remarque une cascade au milieu de la composition.

290. Un précieux dessin sur papier bleu, au crayon noir et blanc, représentant un paysage où l'on remarque les ruines d'un temple.

291. Six études d'arbres au crayon noir et blanc, sur papier bleu.

292. Deux petits paysages très-fins au Crayon noir sur papier blanc.

293. Un joli paysage sur papier bleu, aux crayons noir et blanc, effet d'orage pendant la nuit.

294. Deux paysages, dessinés au crayon noir. *Forme ronde.*

295. Sept dessins précieusement exécutés au crayon noir, dans la manière de Lantara.

296. LAVRINCE (Nicolas). Une gouache, scène familière dite le compliment.

297. Une gouache, intérieur d'appartement où des femmes s'occupent de leur toilette.

298. LEPRINCE. Un charmant dessin au lavis à l'encre de la Chine; on voit parmi des ruines un pâtre avec son troupeau.

299. M. LESUEUR. Une aquarelle, représentant un paysage de style historique avec figures.

300. LORRAIN (Claude Gelée dit le). Un précieux dessin de la belle manière du maître; il représente un paysage champêtre, au milieu duquel on remarque une chaumière entourée d'arbres élevés et auprès de laquelle sont quelques paysans; sur le devant et dans la demi-teinte on voit quelques chèvres; un échappé de montagnes termine ce beau dessin.

301. Un dessin au lavis, représentant un paysage agreste; on y remarque une figure.

302. Deux paysages à la plume attribués à *Claude Lorrain.*

303. M. MALLET. Très-jolie gouache parfaitement soignée, représentant une scène familière, composition de quatre figures.

304. Une gouache représentant deux jeunes filles à leur croisée.

305. Deux gouaches représentant deux jeunes femmes dans des paysages, attribuées à M. *Mallet.*

306. MOREAU. Deux précieuses petites gouaches, représentant des sites agrestes dans l'un desquels on remarque des femmes se baignant.

307. Très-jolie gouache offrant un site agréable, où l'on voit une statue et quelques figures.

308. Deux petites gouaches représentant des paysages et ornées de figures.

309. Cinq jolis paysages dessinés à la gouache.

310. Deux autres et deux marines, dont une ébauchée.

311. Deux vues de jardin, à la gouache.

312. Quatre gouaches offrant des paysages ; deux autres paysages et vues d'Italie de forme ronde.

313. Sept gouaches paysages, dont la vue du château de St.-Maur.

314. Sept autres représentant aussi des paysages dont une non terminée.

315. Dix-sept paysages à la gouache, les uns terminés, les autres préparés. *Cet article formera plusieurs lots.*

316. MORETH. Jolie gouache représentant un paysage.

317. Deux paysages dessinés à la gouache, dont un représente la vue d'un parc, et deux autres dans la même manière.

318. NANTEUIL. Le portrait de Lenôtre et celui de Perrault.

319. NIVARD (C. F.). Deux gouaches très-soignées et très-finies, représentant, l'une une forteresse d'où sortent des soldats, l'autre un paysage champêtre où l'on voit une habitation rustique et pittoresque auprès d'un bois.

320. Jolie gouache représentant un moulin à eau au pied d'une colline et entouré d'arbres, sur les devants on voit un pêcheur auprès d'un ruisseau ; une autre représentant une habitation rustique et pittoresque au milieu d'une forêt.

321. M. NOEL. Une belle gouache représentant une marine par un gros temps.

322. OZANNE. Deux dessins au lavis à l'encre de la Chine, représentant des marines.

323. Sept dessins au lavis à l'encre de la Chine, marines avec figures. *Cet article formera plusieurs lots.*

324. PARIS. Deux aquarelles représentant la cascade du Belvéder à Frascati et la vue du Cazin de Caprarolle.

325. PATEL. Une gouache très-fine représentant un paysage où l'on voit un chasseur tirant un coup de fusil sur des oiseaux aquatiques.

326. Une gouache finement exécutée, représentant dans un paysage divers monumens entourés d'arbres, et ornés de figures.

327. Cinq paysages avec figures dessinés à la gouache.

328. Cinq autres dans la même manière.

329. Trois paysages dessinés à la gouache et ornés de figures.

330. PÉRIGNON. Une gouache représentant un moulin à eau; on remarque en avant des barques et quelques figures.

331. La vue d'un village dessinée à la gouache; on y remarque quelques figures par Huet.

332. Aquarelle représentant la vue d'un ancien monument sur la Saône, près Lyon.

333. Jolie Aquarelle, vue du lac de Genève prise de Genève.

334. Deux gouaches représentant des marines. *Une de forme ronde.*

335. Trois aquarelles gouachées dont une terminée, représentant, l'une une vue d'Italie, l'autre un moulin à eau.

336. Trois études de paysages tracées à la plume et lavées à l'encre de la Chine.

337. Vingt-six paysages à la gouache, à l'aquarelle et au lavis; cet article intéressant et varié formera plusieurs lots.

338. Dix dessins à l'aquarelle, au lavis ou à la gouache, dont plusieurs terminés et d'autres légèrement indiqués, représentant pour la plupart des paysages et vues d'après nature. *Cet article formera plusieurs lots.*

339. PERNET. Neuf aquarelles précieusement exécutées, représentant des monumens d'architecture. *Cet article sera divisé.*

340. PEYRON. Trente-sept dessins et croquis, les uns à la plume, les autres massés au lavis, offrant diverses compositions sujets d'histoires et de la fable et études diverses. *Cet article sera divisé.*

341. PILLEMENT. Un dessin au crayon noir, représentant un paysage.

342. POUSSIN (Nicolas). Un dessin au bistre à l'effet et qui semble représenter le sujet de Remus et Romulus trouvés par Faustule.

343. Un petit croquis légèrement indiqué à la plume, sujet de la Sainte-Famille servie par les anges.

344. Un paysage dessiné à la plume et lavé au bistre.

345. Un joli croquis de paysage indiqué à la plume et lavé au bistre, représentant une rivière coulant entre des montagnes, et une autre précieuse étude d'arbres dans un paysage à la plume et au lavis.

346. ROBERT (Hubert). Beau dessin au crayon rouge, représentant un artiste au milieu de figures, bas-reliefs et monumens en ruines.

347. Cinq dessins au crayon rouge et une aquarelle représentant divers monumens d'architecture ornés de figures.

348. Onze paysages dessinés au crayon rouge et au lavis.

349. Trente-huit dessins au crayon noir et à la sanguine, paysage et vues de divers monumens. *Cet article sera divisé.*

350. Vingt-sept dessins et contre-épreuves représentant des paysages.

351. Trente-trois dessins et contre-épreuves.

352. Trente-trois contre-épreuves, paysages.

353. Vingt-huit autres.

354. ROSIER. Deux dessins à l'encre de la Chine, représentant des paysages.

355. SWEBACK. Une gouache où l'on remarque dans un paysage quelques figures sur une montagne.

356. Un dessin à la plume et légèrement lavé à l'aquarelle, représentant une halte militaire.

357. M. THEVENIN. Un dessin à la plume au lavis au bistre et rehaussé de blanc sur papier de couleur, représentant une scène de prison; composition de quatre figures.

358. M. THIBAUT. Une jolie aquarelle très-piquante d'effet, offrant un chemin ombragé par des arbres, et qui conduit à un temple antique ; on y remarque deux figures.

359. Un paysage lavé au bistre, au milieu duquel on voit une cascade.

360. Point de vue pris dans l'intérieur d'un jardin où l'on remarque un monument en marbre au milieu d'un bassin.

361. Un dessin d'un effet piquant, représentant des portes de villes ruinées et entourées d'arbres, dans la même manière.

362. Très-joli dessin dans la même manière à la plume et à la sepia, effet de soleil couchant ; d'un côté on voit des ruines et de l'autre une fontaine près de laquelle sont plusieurs figures.

363. M. THIÉNON. Une aquarelle très-fine d'exécution, représentant une vue d'Italie.

364. THOMAS. Une grande gouache représentant un point de vue pris dans une église.

365. M. TOPFER 1796. Un croquis à la plume et au lavis, représentant un groupe de plusieurs femmes.

366. VERNET (Joseph). Un dessin au lavis et à l'estompe, représentant une marine avec figures.

367. Un paysage au milieu duquel on remarque une rivière et des pêcheurs retirant leurs filets ; dessiné au crayon et à l'encre de la Chine.

368. Deux dessins au crayon légèrement coloriés, représentant un paysage agreste et une marine.

369. Deux dessins au lavis, représentant une marine et un paysage ornés de figures.

370. Un dessin à la plume et au lavis, représentant un chantier de construction où l'on remarque quelques figures.

371. Deux paysages au crayon avec figures.

372. Un paysage dessiné à la plume et au lavis.

373. VINCENT. Petite gouache représentant le Colisé
Forme ronde.

374. DAVID (Ecole de). Deux dessins très-fins à la pier
d'Italie; allégories dans le style antique.

375. Un très-beau dessin à la plume et lavé à l'aquarelle, r
présentant divers détails d'architecture. Ce précieux dess
est présumé de M. Percier.

376. Cinq jolis dessins à la plume et au lavis par et d'apr
Parmesan Primatice et *Salviati.*

377. Six dessins et croquis à la plume ou au crayon et a
lavis: un sujet allégorique par *le Dominiquin*; le marty
d'un saint, par *Cangiage*; la Sainte-Famille, par *Co*
tonne, et divers croquis, par *Carrache* et de son école.

378. Cinq précieux dessins, portions de compositions
l'école de *Raphaël*, au lavis et à la plume; le Christ de
cendu de la croix, par *B. Franco*; tête de Minerve, par
même; Diane et Actéon, l'Ascension d'un évêque, par
Maratte.

379. Cinq études de paysage à la plume par le *Carrache*
le *Guerchin.*

380. Six bons dessins à la plume ou au lavis, représenta
divers sujets ou études, par *Polidore*, *L. Carrache* et *
Bolognèse*, etc.

381. Onze dessins, compositions à la plume, au lavis et
crayon, par *Zuccharo*, *Lanfranc*, *Tempeste*, etc.

382. Onze dessins par *le Guide*, *le Guaspre*, *Canalett*
Pezares, etc.

383. Cinq dessins, deux croquis d'une plume large, par
Cangiage, dont un représente Saint-Jérome; petit dessin
Benedette, représentant une tête de chien; un dessin
quant d'effet *de l'école des Carrache*, représentant l
doration des bergers; un dessin à la plume et à l'encre
la Chine, d'après *l'Albane*, représentant Vénus
Adonis.

384. Quatorze dessins de paysages par *Salvator Rose*,
Guaspre, *Francisque*, *Bolognèse*, etc.

385. Dix dessins à la plume, dont quelques-uns massés

lavis, sujets d'histoire et autres, par *Pesarès Solimène* de l'école de *Carrache*, etc.

386. Dix dessins au lavis et au crayon par et d'après *Michel-Ange*, *Parmesan*, *Polidore*, etc.

387. Treize dessins, compositions et études par *Salvator*, *Procaccini*, *Cangiage*, et autres maîtres de l'école d'Italie.

388. Quinze dessins par et d'après le *Palme*, le *Guide*, P. de *Cortonne*, etc.

389. Quinze dessins, compositions et études par divers maîtres d'Italie, tels que *Furino*, P. de *Cortonne*, *Polidore*, *Tempeste*, *Lanfranc*, *Brandi*, etc.

390. Douze dessins et études peintes par *Vasari*, *Tempeste*, *Carle Maratte*, etc.

391. Vingt-trois dessins sujets et études diverses par *Polidore* C. *Maratte*, *Tempeste*, *Pesarès*, le *Guide*, les uns à la plume et au bistre, les autres aux différens crayons.

392. Vingt-cinq dessins par *Ciro Ferri*, *Pierre de Cortonne*, *Simon de Pesarès*, *Grimaldi*, etc.

393. Vingt-un dessins, sujets et études diverses par *Polidore*, C. *Maratte*, *Salviati*, *Tempeste*, *Pesarès*, le *Guide*; les uns à la plume et au bistre, les autres aux différens crayons.

394. Vingt dessins, sujets et paysages par *Zucchero*, *Dosso*, *Grimaldi*, etc.

395. Vingt-cinq études, compositions et croquis, par et d'après divers maîtres d'Italie, tels que *Raphaël*, le *Guide*, *Carle Maratte*, *Pesarès*, *Bassan*, etc.

396. Trente-cinq autres du même genre.

397. Trente-un dessins, compositions, études et figures, par *Mola*, *Lanfranc*, C. *Maratte*, *Brandi*, *Pietre-teste*, etc.

398. Quarante-quatre croquis, sujets, compositions et études, par divers maîtres d'Italie; tels que *Polidore*, *Salviati*, *Cangiage*, *Mola*, *Zucchero*, *Romanelli*, etc. Cet article sera divisé.

399. Vingt croquis, compositions et figures, la plupart par *Mola*.

400. Vingt-quatre croquis à la plume et au crayon, dans différens genres, la plupart par *Josepin Cades*.

401. Trente-huit dessins de l'école des Carrache et de divers maîtres de l'école de Bologne.

402. Environ quatre-vingts dessins, compositions et croquis dessinés la plupart par *Tiepolo*. Cet article sera divisé.

403. UDEN (manière de Van). Une gouache représentant une vue du Rhin.

404. DIETRICH (manière de). Petit dessin au lavis à l'encre de la Chine.

405. *Par un artiste allemand, moderne.* Une grande aquarelle, représentant une vue des environs de Venise.

406. Six paysages dessinés à l'aquarelle par *Liender*.

407. Quatre dessins, sujets d'histoire, deux par *Jordeans*, et deux attribués à *Rubens*.

408. Quatre gouaches paysages, dont une par *Keiserman*.

409. Six dessins paysages, au lavis ou au crayon, par *Asselyn, B. Breemberg, Pynaker*, etc.

410. Huit paysages et études d'après nature, par *Zolemacker* et autres.

411. Quatorze croquis, sujets, figures et marines, par *H. Roos, P. de Laar, Kierengs, W. Van de Velde,* etc. Cet article sera divisé.

412. Treize dessins, études et croquis, par *B. Peters, P. Bril, Waterloo, W. Van de Velde*, etc.

413. Douze dessins et aquarelles, paysages composés et vues diverses, par *F. Milet, B. Breemberg, Neyts*, etc.

414. Douze paysages dessinés par *Francisque, Baut* et *Boudewins*, etc.

415. Dix dessins au trait, légèrement massés, paysages et vues de monumens, par *Asselyn, Bartholomée*, etc.

416. Dix autres dans le même genre.

417. Douze études à la sanguine, chevaux et sujets militaires, par et d'après *Vander Meulen*.

418. Dix paysages au lavis, par *Francisque, Breemberg, Waterloo*, etc.

419. Onze dessins paysages à la plume et au lavis, par *Thomas Wick, Waterloo*, etc.

420. Quinze dessins à la plume et au lavis, par *Van Uden, Paul Bril, Francisque, Breemberg*, etc.

421. Douze paysages, vues d'Italie à l'aquarelle ou à la gouache, par *F. Milet, P. Bril*, etc.

422. Treize paysages, par *Francisque, Waterloo, Asselyn*, etc.

423. Quatorze dessins, études de paysages et autres, par *Vanderdoës, Sagtleven, Bonaventure, Peeters*, etc.

424. Dix-sept dessins, compositions paysages, marines, études d'animaux, par *Van Bloëmen, Asselyn, Van Goyen, S. de Vlieger*, etc.

425. Dix-huit dessins, études diverses d'animaux, par *Vanderdoës, Vanbloëmen*, etc.

426. Dix-huit paysages et vues diverses, par *Zackleven, Horemans*, etc.

427. Vingt-quatre dessins, compositions marines et paysages, par *Freudeberg, Vangoyen, Snayers, B. Peeters*, etc.

428. Vingt-trois paysages, par *P. Bril, Bartolomée, Francisque*.

429. Vingt-quatre dessins paysages, par *Francisque, Breughel, P. Bril*, etc.

430. Trente croquis, dessins paysages, au crayon, au lavis, par *Swenvelt, Breemberg, Bemel*, etc.

431. Vingt paysages, la plupart au crayon rouge, et par *Baut et Boudewins*.

432. Soixante-quatre dessins à la plume et au lavis, par un peintre allemand, représentant divers sujets de la fable.

433. Seize dessins, la plupart terminés au lavis et au bistre, paysages et marines par *Writ Meyer, Champcourtois, Lemay*, etc.

434. Vingt dessins paysages et marines par *Beich, Zeeman, Mogreau, Fragonard, Huet*, etc.

435. Huit dessins, figures et compositions, par *Peyron, Lagrenée jeune, M. Lafitte*, etc.

436. Dix dessins au lavis et à la plume , compositions par *Lebrun, Larue, Lépicié, Natoire*, etc. Sujets d'histoire

437. Huit dessins et aquarelles, études compositions par divers peintres français, tels que *Watteau, Fragonard, Charpentier*, etc.

438. Douze dessins à la plume et au lavis, par *Perrier, Lafage, Fragonard, Lepautre*, etc.

439. Dix-huit dessins, sujets et figures, la plupart par *Perrier* et autres maîtres de l'école française.

440. Dix-huit dessins, par *Lépicié, de Troy, Lemoine, Fragonard, Robert et Boucher.*

441. Dix-sept dessins, compositions la plupart par *Perrier* et de l'école de *Lebrun.*

442. Vingt dessins, compositions et figures , par *Bouchardon, Watteau, Boucher, Lepaon, Lépicié*, etc.

443. Vingt-quatre dessins , études de têtes et figures au crayon, la plupart par *Vincent.*

444. Treize dessins, compositions, la plupart à la plume par *Lafage* et *Palmerius.*

445. Vingt-cinq dessins, sujets caricatures , et portraits par *Delarue, Watteau, Lépicié, Fragonard, Danlou,* etc

446. Vingt-cinq croquis et compositions , dessinés par *Perrier, Vouet, Jouvenet, Boucher, Lagrenée jeune,* etc

447. Dix-sept compositions croquis, par *Raimond* et divers artistes français.

448. Vingt-cinq dessins et croquis, sujets et figures, par *Watteau, Fragonard, Grimoud, Eschard*, etc.

449. Dix-sept dessins, par *Lesueur, La Hyre, Lebrun, Robert, Larue,* etc.

450. Vingt-une études et dessins au pastel, au crayon ou la plume, par *Delarue, Gauffier, Robert, Fragonard, Vasse*, etc.

451. Cinquante-cinq feuilles d'études croquis et compositions la plupart par *Lafage* et *Larue.*

452. Trente-sept sujets et figures , par *Callot, Chardin, St.-Aubin, Théolon, Leprince, Lallemand*, etc.

453. Trente-trois croquis et compositions , études de figu-

res et autres, par *Lemoine, Boucher, Natoire, Lagrenée, Subleiras, Vanloo, Greuze,* etc.

454. Trente-cinq croquis, compositions et études, par *Eisen, Houelle, Huet,* etc.

455. Trente-sept petits croquis à la plume, au crayon, au lavis, par *Leprince, Greuze, Fragonard, Lépicié, Houasse,* etc.

456. Trente-deux dessins, compositions, études de figures, draperies, et batailles, par *Delarue, Lepaon, Parocel, Van Loo, Fragonard,* etc.

457. Trente-cinq études et compositions, par *Gillot, Robert, Boucher Watteau,* etc.

458. Dix-huit dessins, études diverses, la plupart compositions et figures par *Robert, Huet, Fragonard,* etc.

459. Quatorze dessins à la plume, au lavis ou au crayon, par *Watteau, Fragonard, Boucher et Lagrenée.*

460. Dix gouaches, paysages avec figures, par *Bocler, Moreth,* etc.

461. Quatorze paysages et marines à l'aquarelle et au crayon, par *Fragonard, Châtelet, Lallemand, Pillement,* etc.

462. Dix-huit paysages dessinés par *Châtelet, Oudry,* et divers maîtres français.

463. Quatre marines et études diverses, par *Joseph Vernet, Ozanne,* etc.

464. Trois grandes et belles gouaches, dans la manière de *Moreau* et *Houël,* et par *Lallemand,* représentant des paysages et animaux.

465. Trois jolies gouaches, paysages, par *Moreau et Moreth.*

466. Cinq jolies aquarelles, représentant des vues de perspective et de jardin, par *Robert, Maréchal,* etc.

467. Six paysages au lavis ou à la gouache et au crayon, par *Robert, Pillement, Clérisseau,* etc.

468. Onze gouaches, représentant des vues de paysages et d'architecture, par *Lallemand, Clérisseau,* etc.

469. Douze dessins à l'aquarelle représentant des vues de monumens et des paysages, la plupart par *Robert.*

3.

470. Treize paysages au crayon et à l'aquarelle par *Desfriches, Lempereur, Aulnay,* etc.

471. Quatorze paysages et marines, et dessins d'architecture au lavis et au crayon, par *Robert Oudriy, Huet,* etc.

472. Dix-sept paysages à la plume ou au crayon, par *J. Vernet, Fragonard, P. Lelu,* etc.

473. Huit dessins, architecture, figures, paysages au lavis, par *Panini, Robert,* etc.

474. Seize aquarelles, paysages, études de plantes, etc., par *Lallemand, Moreau, Van Straeten,* etc.

475. Quatorze aquarelles, quelques-unes terminées, représentant des vues de jardins, par *Lallemand, Moreau,* etc.

476. Douze paysages, vues d'Italie, à la gouache ou à l'aquarelle, par *Natoire, Robert, Lallemand,* etc.

477. Quatorze dessins, paysages et figures, par *Pariseau, Machy, Houël, Châtelet, Fragonard,* etc.

478. Dix dessins et croquis au lavis, paysages, par *Eschard, Duncker, Lallemand,* etc.

479. Onze dessins à la plume et légèrement teintés à l'aquarelle, paysages et vues divers, par *Châtelet* et dans sa manière.

480. Vingt-un dessins, gouaches, aquarelles ou dessins, par *Boucher, Houël, Fragonard, J. Vernet,* etc.

481. Vingt-trois gouaches et aquarelles, représentant diverses vues d'Italie, par *Maréchal, Lallemand,* etc.

482. Vingt-huit dessins à la plume, aux crayons et au lavis par *Robert, Pilement, Châtelet, Eschard, Mayer,* etc.

483. Trente dessins au crayon, à la plume, au lavis et à l'aquarelle, la plupart par *Robert, Watelet, Moreau,* etc.

484. Vingt-huit dessins au crayon, à la plume et au lavis par *Veirotter, Neyst, Lallemand, Bichaud,* etc.

485. Trente gouaches et dessins par *Clérisseau, Robert, Pillement,* etc.; paysages et architecture.

486. Vingt-quatre dessins, paysages, par *Huët, Pillement, Châtelet, Fragonard,* etc.

487. Huit paysages à la gouache, par *Pourcelli, Wagner, Duvivier, Houël,* etc.

488. Vingt dessins au crayon ou à l'aquarelle, paysages, par *Vien*, *Peyron*, *Fragonard*, *Robert*, etc.

489. Dix paysages à la plume et au crayon, par *Wagner*, *Houël*, etc.

490. Quatorze paysages à l'aquarelle, au crayon ou au lavis, par *Châtelet*, *Leprince*, *Lallemand*, etc.

491. Dix dessins, paysages et marines à l'aquarelle, au lavis et à la plume, par *Perelle*, *Ozanne*, *Leprince*, etc.

492. Seize études et paysages, par *Lagrenée*, *Châtelet*, *Fragonard*, *Robert*, etc.

493. Douze dessins, paysages et perspective, par *M. Taunay*, *Robert*, *Lallemand*, etc.

494. Vingt dessins au lavis et à la plume, paysages, par *Leblond*, *Lallemand*, *Lelu*, *Eschard*, etc.

495. Vingt dessins et études divers au lavis, par *Robert*, *Lelu*, *Lallemand*, etc.

496. Vingt-six dessins à l'aquarelle ou au crayon, paysages, par *Fragonard*, *Robert*, *Huet*, *Fachot*.

497. Vingt-un dessins, études de paysage, par *Robert* et *Fragonard*.

498. Dix-huit dessins, paysages et compositions par *Baucho*, *Lallemand*, *Robert*, *Natoire*, etc.

499. Vingt-neuf dessins, compositions diverses, paysages et marines, par *Will fils*, *Lallemand*, *Lépicié*, *Fragonard*, *Barbier*, etc.

500. Vingt-deux dessins de paysages au lavis ou au crayon, par *Lepautre*, *Robert*, *Clérisseau*, *Machy*, *Lallemand*, etc.

501. Vingt-deux dessins, paysages, architecture au crayon, au lavis, par *Fragonard*, *Robert*, *Lallemand*, etc.

502. Trente et un paysages, vues d'Italie et autres, par *Lavallée-Poussin*, *Duchâteau*, *J. Vernet*, *Weirotter*, etc.

503. Dix-huit dessins, paysages au lavis et au crayon, par *Patel*, *Jeaurat*, *Lallemand*, etc.

504. Treize dessins, paysages et architectures au lavis et au crayon, et contre-épreuve, par *Robert*, *Fragonard*, etc.

505. Dix-neuf dessins, paysages et architectures à l'a-
quarelle, à la gouache, par *Leprince, Lallemand, Houël,
Hacquert*, etc.

506. Dix-neuf paysages à l'aquarelle et à la gouache, par
Houël, Lallemand.

507. Dix-huit dessins au lavis et au crayon, représentant
des paysages, par *Lallemand, Desfriches*, etc.

508. Cinquante-six dessins et aquarelles, paysages, vues
diverses d'architecture, marinés, etc., par *Châtelet,
Ozanne, Wattelet, Robert, Fragonard*, etc.

509. Quarante-deux dessins peu arrêtés et croquis, compositions, études et figures, par *Julien de Parme, Delarue, Fragonard, Huet*, etc.

510. Trente-huit feuilles d'études, au crayon, par *Watteau. Cet article sera divisé*.

511. Six dessins, sujets militaires, par *Delarue*; études
d'animaux, par *Huet, Sneyder*, etc., et un portrait par
Dumoustier.

512. Neuf dessins, paysages et marines, à la plume et au
lavis, dans la manière de *Bartolomée, Brcemberg, Joseph Vernet, Natoire*, etc.

513. Dix aquarelles et dessins, par *Baut et Boudewins,
Cochin, Huet*, etc.

514. Quinze dessins et croquis, pour la plupart paysages
et marines, par *Vitelli, Mola, Natoire, Ozanne*, etc.

515. Quatorze paysages et marines, à la gouache ou à
l'aquarelle, par *B. Peeters, Kobel, Molitor, Patel,
M. Bril*, etc.

516. Vingt-trois dessins de paysages, à la plume, au
crayon et au lavis, par *Silvestre, Warnberger, J. G.
Wille*, etc.

517. Vingt-sept dessins, paysages et sujets, par *Canaletti,
Fragonard, Tempeste, Roos, Watteau*, etc.

518. Cinquante-huit dessins et croquis à la plume ou au
crayon, pour la plupart paysages, par *Baut et Boudewins, Leclerc, Boucher, Natoire*, etc.

519. Six dessins au lavis, représentant diverses vues d'intérieurs d'églises et autres monumens, par *Després* et autres.

520. Seize dessins paysages, la plupart par *Robert*.

521. Neuf dessins au crayon noir, paysages et monumens divers, manière de *Robert*.

522. Trente-quatre dessins au crayon rouge et au lavis, la plupart par *Robert*.

523. Une suite de croquis coupés d'un livre, dessinés par *Robert*.

524. Cinquante-trois feuilles d'études diverses, très-intéressantes, par *Robert*, la plupart faites en Italie. *Cet article sera divisé.*

525. Deux livres de croquis, par *Robert*.

526. Deux recueils de dessins, compositions, figures et costumes, dessinés au crayon rouge par divers artistes, tels que *Robert*, *Boucher*, *Fragonard*.

527. Recueil de vues dessinées par *G. Vanvitelli*; un volume.

528. Un lot de vingt-trois gouaches, vues de jardins et paysages, la plupart par *Moreau*. *Cet article intéressant sera divisé.*

529. Un lot de petits croquis, paysages et études d'après nature, dont quelques-uns par *Lantara*, *Desfriches*, *Lallemand*, *Weirotter*, *Pillement*, etc.

530. Une petite aquarelle, représentant une voûte souterraine, par M. *Abel*; un paysage, où l'on voit des rochers au bord de la mer, manière de *Valenciennes*; un joli paysage, de style historique, à la plume et au lavis, signé *Johan Exmels*; une gouache précieusement-exécutée sur un trait gravé, décoration d'un plafond, d'après *Raphaël*. *Cet article sera divisé.*

531. Un paysage dessiné à la plume et imitant la gravure, par *Rigaud de Marseille*; une aquarelle gouachée, où l'on voit un pâtre gardant son troupeau, manière de *Loutherburg*.

532. Un croquis au bistre, école de *Fragonard*, représentant une jeune fille tenant un panier; un dessin à la plume,

lavé au bistre, représentant un paysage où l'on voit diverses figures près d'une fontaine, signé *A. S.*

533 Deux dessins, dont une vue du temple de Tivoli, au lavis, par un artiste moderne.

534. Deux aquarelles par MM. *Bonnington* et *Thomas*, la première est un sujet tiré de l'histoire d'Angleterre, l'autre représente des ermites.

535. Trois dessins à la gouache et à l'aquarelle, précieux d'exécution, représentant des oiseaux et des fleurs, dont deux par *Cherberg.*

536. Une jolie aquarelle représentant une ferme au bord d'un ruisseau. *École anglaise.*

537. Jolie dessin à l'encre de la Chine; étude d'après nature. *École anglaise.*

538. Jolie aquarelle à l'effet, représentant diverses habitations rustiques sur une route et entourées d'arbres. *École anglaise.*

539. Une aquarelle représentant un paysage, effet de soleil couchant. *École anglaise.*

540. Quatre aquarelles, paysages et vues de jardins, dont deux de *l'école anglaise moderne.*

541. Dix aquarelles par MM. *Prould*, *Box* et autres artistes anglais modernes; paysages et marines. *Cet article formera plusieurs lots.*

542. Un recueil de dessins de perspective à la plume, dont quelques-uns au lavis à l'effet.

543. Plusieurs lots de dessins, études et croquis des trois écoles, anciens et modernes, seront divisés sous ce numéro.

Miniatures, Peintures au fixé, Portraits, Ornemens de tabatières.

544. WERNER (Joseph). Précieuse miniature, riche de composition, représentant Lucrèce se poignardant après l'outrage que lui a fait Sextus.

545. *D'après* ROMANELLI. Une miniature gouachée, riche de composition, représentant l'enlèvement des Sabines.

546. *D'après le même.* Jolie miniature gouachée, représentant Diane se reposant de la chasse.

547. *D'après le même.* Précieuse miniature gouachée, riche composition, représentant des nymphes et des satyres.

548. *D'après A.-N. CARRACHE.* Une petite miniature, sujet de la Sainte-Famille, par *Clovio.*

549. *D'après LE CORTONNE.* Précieuse miniature représentant l'enlèvement des Sabines; cette miniature semble avoir été faite pour un éventail.

550. *D'après MIGNARD.* Miniature très-soignée représentant le triomphe d'Amphitrite.

551. *D'après PH. DE CHAMPAIGNE.* Miniature très-soignée, représentant le Christ en croix.

552. M. DUVAL. Deux jolis fixés avec figures et animaux. *Forme ronde.*

553. *École moderne.* Une peinture au fixé, représentant un escalier de cloître où l'on voit des religieux.

554. VALENCIENNES. Un joli dessus de boîte représentant un paysage où l'on remarque une danse de nymphes.

555. Une tabatière avec médaillon, peint par *Casanova,* représentant des combats et scènes militaires exécutés d'une manière précieuse.

556. Les Psaumes de *David,* petit manuscrit sur parchemin, ornés sur toutes les pages de dessins entourant le texte, et de 14 sujets traités en miniature et très-soignés. Un autre orné de quelques miniatures sujets de l'Écriture-Sainte. *Ces deux manuscrits seront vendus séparément.*

Estampes anciennes et modernes, Vignettes, Recueils, Lithographies.

557. Deux estampes d'après *Raphaël,* par *Morghen,* représentant la théologie et la poésie.

558. La belle jardinière, par *Chereau,* d'après *Raphaël.*

559. Dix estampes, dont David tuant Goliath, par *Audran,* d'après *Daniel de Voltaire,* et le jugement dernier d'après *Michel-Ange,* par *Rota.*

560. Huit estampes d'après le *Dominiquin*, le *Guide*, le *Carrache*, etc., par *Massard*, *Audran*, *Roulet*, etc.

561. Cinq sujets de vierge par *Bartolozzi*, d'après *Carlo-dolci*, *Sasso Ferrata* et *Cipriani*.

562. Vingt-trois estampes d'après *Raphaël*, le *Guide*, *Carrache*, *Feti*, etc., par *Thomassin*, *Bloëmart*, *Pietre Sante Bartoli*, etc.

563. Trente estampes par *Benedette*, *Jeaurat*, d'après *P. Veronèse*; *Audran*, d'après *P. Veronèse*; *Aquila*, d'après *C. Feri*, *Vitali*, d'après le *Guide*; *Audran*, d'après le *Dominiquin*, etc.

564. Quarante-six estampes d'après *Raphaël*, *Carrache*, le *Guide*, *Giorgion*, *Paul Veronèse*, etc., par *Flippard*, *Bartholozzi*, *Bloëmart*, *Thomassin*, etc.

565. Cinquante-deux estampes d'après *Polidore*, *Dominiquin*, *Carrache*, etc., par *Galestruzzi*, *Pietre Teste*, etc.

566. Quarante-deux estampes d'après *Raphaël*, *Jules Romain*, le *Carrache* et autres maîtres d'Italie, par divers graveurs.

567. Cinquante-trois estampes, la plupart en mauvais état, d'après *Michel-Ange*, *Raphaël*, *Polydore*, *Carrache*, *Dominiquin*, etc.

568. Quarante eaux fortes, par *Labelle*.

569. Trois estampes, par *Wisscher*, deux d'après *Ostade*, dont les musiciens ambulans; le vendeur de mort aux rats.

570. Sept portraits, d'après *Rubens*, *Vandick* et *Rembrand*, par *P. Pontius*, *Riedel*, *Hollar*, etc.

571. Douze portraits dont plusieurs d'après *Vandick*, par *P. Pontius* et autres.

572. Quarante eaux fortes, paysages par *Herman*, *Swaneveldt*, dont plusieurs avec le mot *excudit*.

573. Deux suites d'eaux fortes de *Karel Dujardin*, dont une dans un cahier. *Cet article formera deux lots.*

574. Dix paysages à l'eau forte, par *Both d'Italie*.

575. Soixante estampes et eaux fortes, paysages, par *Vander*, *Cabel*, *Sadeler*, *Francisque*, etc.

576. Cinquante-un paysages à l'eau forte, par *Vermeulen*, *Waterloo*, etc.

577. Soixante-quatre pièces, études d'animaux, par et d'après *Berghem*, *Van Bloëmen*, *Bloëmart*, etc.

578. Vingt-cinq estampes, sujets, vues fantastiques, par divers maîtres tels que *Albert Durer*, *Rubens*, *Van Bloëmen*, *Dietrich*, etc.

579. Douze paysages, dont ceux de *Bolswest*, d'après *Rubens*.

580. Vingt-cinq estampes, sujets, paysages et costumes, la plupart par *Bloëmart*.

581. Dix-huit estampes d'après *Rubens*, dont l'histoire de Constantin gravée par Thardieu; la chute des anges rebelles, par *V. Orlay*, Muscius Scevola, par *Schuzer*, et St.-Ambroise devant Théodore-le-Grand.

582. Quatorze estampes d'après *Rubens*, *Wouwermans*, *Dietrich*, *Berghem*, *Vander Meulen*, etc., par *Lebas*, *Edlinck*, *Schmuzer*, *Bonard*, etc.

583. Vingt-deux compositions et paysages d'après *Rubens*, *Teniers*, *Wouwermans*, *Cuyp*, *Moucheron*, etc., par *Moireau*, *Vivarès*, *Becke*, *Lebas*, etc.

584. Trente-trois estampes d'après *Teniers*, *Wouwermans*, *Netscher*, et autres maîtres flamands.

585. Une eau forte par *de Boissieu*, belle épreuve sur papier de Chine, l'entrée du village de Santilly.

586. Six eaux fortes par *de Boissieu*, belles et anciennes épreuves, dont le pape bénissant les enfans, la promenade du pape, le portrait de Boissieu, le moulin à eau, d'après *Ruysdael*.

587. Six eaux fortes par *de Boissieu*, anciennes et belles épreuves offrant quatre paysages; la leçon de botanique et le charlatan, d'après *K. Dujardin*.

588. Neuf eaux fortes par *de Boissieu*, belles et anciennes épreuves; savoir: sept paysages, le joueur de vielle et une composition représentant deux jeunes garçons jouant avec un chien.

589. Suite de dix paysages, gravés à l'eau forte, par *de Boissieu*.

590. Quinze eaux fortes diverses, par *de Boissieu*, épreuves anciennes.

591. Quatre eaux fortes, paysages, par *Claude Lorrain*.

592. Cinq autres paysages à l'eau forte, par *Claude Lorrain*.

593. Neuf portraits par *Demarcenay*, dont celui de Charles VII, Jeanne d'Arc, Turenne, Henri IV, Sully, et Stanislas, roi de Pologne.

594. Seize portraits par *Fiquet*, dont ceux de Molière, Lafontaine, Montaigne, Crébillon, Voltaire, madame de Maintenon, Delamotte-Levayer, Eisen, Fénélon, Corneille.

595. Onze portraits, dont celui de Rigaud, par *Edlinck*; celui du Poussin, par *Drevet*; celui du prince d'Orange, par *Balechou*, d'après *Aved*, celui de J.-B. Rousseau, d'après *Aved*, par *Hollé*, etc.

596. Trois portraits par MM. *Langlois* et *Tardieu*, celui de Pierre Ier, Frédéric II, et Stanislas, roi de Pologne.

597. Portrait de mademoiselle Lecouvreur, par *Drevet*, d'après *Coypel*.

598. Le portrait de Henri IV, par M. *Tardieu*, d'après *Porbus*.

599. Le repos de la Vierge, par *Wille*, d'après *Dietrich*.

600. Six estampes d'après *Le Poussin*, dont le testament d'Eudamidas et une Sainte-Famille, par *Pesne*; Moïse trouvé et Moïse foulant aux pieds la couronne de Pharaon.

601. Les petits sacremens, d'après *Le Poussin*, par *Benoist Audran*.

602. Quatre estampes, paysages, d'après *Le Poussin*, avec la marque *S. V.*

603. Le martyre de St.-Laurent par *Audran*, d'après *Lesueur*.

604. Sept estampes, d'après *Lesueur*, *Bourdon*, *Lebrun*, par *Edelinck*, *Loir*, *Avril*.

605. Vingt-trois estampes, dont la descente de croix, d'a-

près *Lebrun*, par *Audran*; le martyre de St.-Laurent, d'après *Lesueur*; la descente de croix, d'après *Jouvenet*, par *Loir*; les aveugles de Jéricho, par *Château*, d'après *Le Poussin*, etc.

606. Trente estampes d'après *Le Poussin*, *S. Bourdon*, *Perrier*, etc., par *Audran*, *Fessard*, *Surrug*, etc.

607. Trente et une estampes, paysages, d'après *Le Poussin*, *Bourdon*, *Le Gaspre*, etc.

608. L'académie des sciences, l'entrée d'Alexandre et cinq des batailles d'Alexandre, par *Leclerc*.

609. Les misères de la guerre, par *Callot*.

610. Douze estampes, la plupart par *Callot*, dont quelques pièces détachées des misères de la guerre.

611. Vingt eaux fortes, sujets militaires, par *Delarue*.

612. Cinquante eaux fortes, paysages, la plupart par *Sylvestre et Weirotter*.

613. Quarante estampes, paysages, la plupart par *Perelle*.

614. Quarante paysages à l'eau forte, par *Perelle*.

615. Soixante eaux fortes, par *Perelle*, *Labelle*, *Waterloo*.

616. Soixante autres eaux fortes, par les mêmes maîtres.

617. Dix-sept estampes et eaux fortes, la plupart non terminées, par *D. Bertaux*, *Schaffer*, etc.

618. Trente-deux estampes sujets, paysages et figures, par *Lepautre*, *Peyron*, *Moireau*, etc.

619. Trente-six estampes et eaux fortes, paysages, par *Reinhart Dies*, *Mechot*, *Hackert*.

620. Vingt-quatre estampes, la plupart eaux fortes et paysages, par *Lebas*, *Duparc*, *Morin*, *de Boissieu*, *Gutemberg*, etc.

621. Vingt estampes d'après *J. Vernet*, *Manglar*, *Pilement* et autres, par *D. Bertaux*, *Benasech*, *Duret*, *Liénard*, *Leveau*.

622. Cinquante et une estampes, sujets et paysages, par *Sylvestre*, *Simonneau*, *La Hyre*, *Perelle*, *Lallemand*, *Weyrotter*, etc.

623. Quarante-neuf eaux fortes, la plupart paysages e têtes, par *Dietrich*, etc.

624. Huit estampes d'après des figures antiques, gravée par *Thomassin* et *Mellan*.

625. Seize sujets d'histoire, gravés par ou d'après *Chauveau*.

626. Environ quatre-vingts estampes, vignettes et eaux fortes, par et d'après *Moreau Cochin*, *Labelle*, etc.

627. Une estampe, vue de la ville de Constantinople d'après M. *Melling*, par M. *Dequevauvillers*.

628. Vingt-deux eaux fortes, d'après M. *Bourgeois*.

629. Vingt-cinq paysages, la plupart gravés à l'eau forte par M. *Dunoui*.

630. Onze estampes d'après *Claude*, par *Morel Majo Goupy Mason*, et quatre imitant l'aqua teinte, par *Earlom*. *Cet article sera divisé.*

631. Neuf estampes et vignettes anglaises, paysages autres, par MM. *Mansfeld*, *Batty*, *Corbould*, etc.

632. Dix vues d'Angleterre, dessinées et gravées par M. *Walis*.

633. Onze estampes, manière du lavis ou coloriées, vues intérieures et paysages, par divers graveurs anglais, tels que MM. *Bluck*, *Stadler*, etc.

634. Dix estampes anglaises, paysages, dont quelquesunes par M. *Cook*, d'après M. *Owen*, M. *Middiman* d'après M. *Edwards*, etc.

635. Quinze paysages, par MM. *Angus*, *Byrenne*, *Middiman*, *Cooke*, d'après MM. *Owen*, *Hearne*.

636. Vingt-un petits paysages, par MM. *Cooke*, *Middimann*, d'après MM. *Owen*, *Cockburne*, etc.

637. Dix-huit paysages, vues diverses de France et autres, par MM. *Middimann*, *Obson*, *Goodall*, *Heat Cooke*, d'après MM. *Turner*, *Batty*, *Heat*, etc.

638. Soixante-huit vignettes anglaises, par divers graveurs, vues détachées.

639. Vingt-sept autres en bois, aussi détachées.

640. Vingt-une vignettes anglaises, vues d'églises et paysages, dont plusieurs coloriées.

641. Une suite de neuf vignettes, par M. *Greig.*

642. Recueil de vignettes pour le roman d'Élisabeth, par MM. *Finden, Heath,* d'après M. *Westall.*

643. Douze vignettes détachées, sujets et figures, par MM. *Neagle, Noble, Hoortman,* etc.

644. Huit vignettes, d'après M. *Dessene,* par MM. *Migneret, Beauvinet, Pigeau,* etc.

645. Vingt-trois estampes, dont quelques-unes coloriées, d'autres à la manière noire, par différens graveurs anglais, tels que *Smith, Bartholozzy, Burck, Chappmann.*

646. Sept estampes, dont trois coloriées, d'après *Schall, Hamilton, Ang. Koofman, W. Peters,* par *Morghen, Schencker, Bartolozzy, Cunego,* etc.

647. Quarante-huit estampes, sujets et têtes de fantaisie, anglaises et coloriées.

648. Le portrait de Washington, d'après *Trumbull,* par *Cheesman.*

649. Plusieurs vignettes dépareillées, pour divers ouvrages, par *Cochin* et *Grovelot.*

650. Quatre-vingt-neuf estampes, faisant partie du voyage de Naples et de Sicile.

651. Quarante-neuf grandes estampes, vûes d'Italie; la plupart par *Piranesi.*

652. Dix feuilles d'eaux fortes, par *Parboni,* d'après le *Gaspre.*

653. Cinquante estampes, vignettes et paysages, par *Lebeau, Lemire, Godefroy, de Gheudt, Major,* etc.

654. Soixante estampes, vignettes, portraits, sujets divers, par des maîtres français.

655. Quatre-vingts autres.

656. Quatre-vingts autres.

657. Quarante autres, la plupart portraits.

658. Cinquante vûes d'Italie, la plupart par *Sylvestre.*

659. Un portefeuille contenant des eaux fortes non terminées, principes de dessins, études d'anatomie, etc.

660. Un autre, contenant des vignettes pour divers ouvra-

ges, la plupart par *Cochin* et *Moreau. Cet article sera divisé.*

661. Un autre, contenant plusieurs exemplaires de l'estampe connue sous le nom du Nid d'Amour, gravée par mademoiselle *Papavoine,* femme Nicolle, d'après *Lebarbier,* et plusieurs estampes anglaises, coloriées et autres. *Cet article sera divisé.*

662. Un portefeuille contenant divers estampes, principes de dessins, imitant le crayon. *Cet article sera divisé.*

663. Recueil de vues, gravées et coloriées par *John Papworth,* 1818; 1 vol.

664. Recueil de vues, gravées à la manière noire, par *Willem Gilpin.*

665. Recueil de vues de Londres, estampes coloriées; 1 vol.

666. The antiquarian Itinerard. Vestiges of antiquity in Great Britain; 4 vol., 1815.

667. Un volume contenant diverses vues, par *Labelle, Sylvestre, Van Merlen.*

668. Vues de Madrid; par *Sylvestre;* 1 vol.

669. Vues antiques et modernes les plus intéressantes de la ville de Rome, par différens auteurs; un cahier.

670. Un recueil de vues d'Italie, d'après *Barbault* par *Montagu, Girot.*

671. Vues diverses et compositions, par *Perelle;* 1 vol.

672. Recueil de paysages et vues divers, par *Perelle;* 1 vol.

673. Vingt-cinq vues des jardins d'Hermenonville dessinées et gravées par *Merigaud* fils.

674. Principales vues de Chantilly, par *Merigaud;* 1 vol.

675. Suite de paysages gravés, par *Everdinger;* 1 vol.

676. Recueil de gravures d'après les dessins de *Raymond de la Fage.*

677. Vues diverses de France, d'après les dessins de Lallemand, par *Dupan* et autres; 1 vol.

678. Un recueil de gravures, par *Perelle.*

679. Une suite de paysages, par *Perelle.*

680. Un recueil de paysages, par *Perelle*.

681. Vues de Rome ancienne et moderne, gravées par *Legay*; 1 vol.

682. Recueil de gravures, par *Morel*, d'après *Hacquert*, vues d'Italie.

683. Suite de vues gravées par divers artistes, d'après les dessins de M. *Cassas*.

684. Recueil de vues d'après nature, dessinées et gravées par *Houël* à la manière du lavis.

685. Suite de vues dessinées et gravées par *Duflot* et *Piranèse*.

686. Un recueil de 90 estampes, vues de Paris, gravées et dessinées, par *J. Rigaud*.

687. Recueil de diverses vues de Rome ancienne, dessinées par *Barbault*.

688. Cinq cahiers de paysages et études à l'eau forte, par *Sylvestre et Callot*.

689. Recueil de vues des monumens antiques de Rome, par M. *Baltard*; 8 cahiers.

690. Deux suites de paysages, gravés à l'eau forte, par *Perignon*.

691. Une suite de marines, par *Zeemann*.

692. OEuvre gravé à l'eau forte, par *Klengel*, offrant des figures, paysages et caprices.

693. Recueil des plus beaux édifices, par *J. Van Merlen*.

694. Recueil de batailles gravées à l'eau forte, par *J. W. Baur*; un cahier.

695. Une suite de vues d'Italie par *Méchat*, *Dies*, *Reinhart*, etc.

696. Suite de dix paysages gravés par *Robert*, à l'eau forte.

697. Un recueil de douze paysages gravés à l'eau forte, par *Giunto-Tardi*, d'après *Le Poussin*.

698. Un recueil de vues de Pestum et de Sicile, la plupart gravées par *Morelli*.

699. Un recueil de vues et monumens, par *Piranèse*.

700. Un recueil de vues d'Italie, par *Piranèse*.

701. Suite de paysages gravés par divers artistes, d'après *Marc-Ricci*.

702. La ville de Venise, par Antoine *Visentini*.

703. Vues diverses d'Italie par *Vasi*; un recueil.

704. Les fontaines de Rome, etc., par *Jean-Baptiste Falda*; un vol.

705. Vues des antiquités de Rome et de Naples, par *Sadeler*.

706. Recueil de sculptures antiques grecques et romaines, par *Fessard, Surrug, Thardieu*; un cahier.

707. Recueil d'antiquités romaines avec les explications de *Michel-Ange de la Chausse*.

708. Peintures du *Dominiquin* à la villa Aldobrandine; un vol.

709. La colonne trajane, par *P. S. Bartoli*.

710. La frise de J. Romain, par *B. Stella*.

711. Les peintures antiques d'une grotte de Rome, par *P. S. Bartoli*; un vol.

712. Lampes antiques, par *P. S. Bartoli*; un vol.

713. Tombeaux anciens, par *P. Sante Bartoli*; un vol.

714. Recueil de sculptures antiques et médailles, par *Léonard Augustin*; un vol.

715. Les ruines de Pestum, par M. de la *Gardette*.

716. Recueil de figures gravées d'après l'antique; un vol.

717. Une suite de gravures d'après des bas-reliefs antiques, par *Matheo Piccioni*.

718. Vues de Rome, par *Steffano Duperac*.

719. Vues diverses, par *Cecchi, Carboni*, etc.; un vol.

720. Vues diverses d'Italie, par *Costa*.

721. Le plan de Rome par *Nolli*; un vol.

722. Recueil d'édifices et arabesques, par *Ducerceau*; un vol.

723. Recueil de vases et détails d'architecture, par *Lepautre*.

724. Recueil de gravures, figures d'après l'antique, avec la marque *P. F. B*; un vol.

725. Les œuvres d'architecture d'*Antoine Lepautre* ; un vol., et Recueil de gravures, compositions et architecture, par et d'après *Lepautre* ; un vol. *Cet article formera deux lots.*

726. Recueil des pensées du Carrache, dessinées par *Bloëmaert.*

727. Recueil de gravures, d'après le *Parmesan*, par *Bossi.*

728. Un cahier d'eaux fortes, par *Tiepolo.*

729. Plusieurs compositions à l'eau forte, idées pittoresques pour la fuite en Égypte, par *Tiepolo.*

730. Recueil d'eaux fortes, caprices et figures, par *S. Rosa*; un vol.

731. Recueil de compositions et études, par *Henry Alken*, dessinées et gravées par lui-même, 1821; un vol.

732. Une suite d'estampes représentant les travaux de la campagne, par *J. Stella.*

733. La vie de St.-Bruno, d'après *Lesueur*, par *Chauveau.*

734. L'histoire de *Samson*, par *Verdier*; un vol. Il s'y trouve deux dessins originaux pour la même histoire, et par *Verdier* également.

735. Suite de sujets de l'Ancien et du Nouveau-Testament, par *Tardieu.*

736. Recueil de vignettes pour le Nouveau-Testament, par *Moreau*-jeune.

737. Suite et vignettes détachées, sujets de l'Écriture-Sainte, par *Moreau.*

738. Compositions gravées à l'eau forte, par *Pinelli*; 3 vol.

739. Costumes pittoresques, par *Pinelli*; deux cahiers.

740. Un recueil de motifs de costumes et compositions, par *Pinelli.*

741. Feuilles détachées de suites de compositions, par *Pinelli.*

742. Suite de statues d'après l'antique, par *Dorigny.*

4.

743. Recueil de figures diverses, d'après l'antique et les grands maîtres, par divers graveurs ; *un vol.*

744. L'art du dessin, de *J. Cousin.*

745. Théorie et pratique du dessin, ouvrage allemand orné de gravures, par *Presler.*

746. Onze portraits de divers princes allemands et guerriers turcs, avec les plans d'un grand nombre de villes d'Allemagne, de Hongrie et de Turquie ; *un vol.*

747. Les portraits des papes ; *un vol.*

748. L'histoire de France, gravée par *Duflot* et autres, d'après *Moreau* jeune.

749. Gravures historiques des principaux événemens, depuis l'ouverture des états généraux ; *quarante cahiers.*

750. Les annales du Musée, de M. *Landon.*

751. Costumes anciens et modernes de l'univers, par *César Vecelli* ; *deux vol.* Estampes coloriées.

752. Un lot de costumes parisiens, petites estampes, la plupart coloriées.

753. Un livre de prières sur parchemin, dont chaque page est ornée de gravures dans la manière d'*Albert Durer*, et contenant divers sujets de l'Ancien Testament.

754. Recueil d'animaux aquatiques et autres, par *Albert Flamen.*

755. Croquis lithographiques, par M. *Horace Vernet* ; *un cahier.*

756. Album lithographique, par M. *Horace Vernet* ; *un cahier.*

757. Album lithographique par les peintres de Sèvres ; *un cahier.*

758. Croquis lithographiques, par M. *Charlet* ; *un cahier.*

759. Album lithographique, par divers artistes français, en 1817 ; un autre de 1821.

760. Un cahier de caricatures lithographiées et coloriées, par M. *Isabey.*

761. Album lithographique, par divers artistes français.

762. Dix lithographies, par M. *Hersent*, pour les contes de *Lafontaine*.

763. Suites de plusieurs vues de paysages et autres, par M. *Villeneuve*. Cet article sera divisé.

764. Quatre cahiers des monumens antiques et pittoresques des départemens de Seine et Marne, par M. *Pernot*.

765. Recueil de dessins lithographiques, par MM. *Parmentier* et *Jacquemins*.

766. Plusieurs lithographies détachées de différens ouvrages, par MM. *Bourgeois*, *Thienon*, *Bouton*, etc. Cet article sera divisé.

767. Cinquante-six lithographies, figures, sujets et paysages, par MM. *Hersent*, *Fragonard*, *Thienon*, *Vauzelle*, *Carle* et *Horace Vernet*, *Villeneuve*, etc.

768. Recueil de costumes de Paris lithographiés et coloriés, par M. *Chaslons*.

769. Mœurs et costumes des Russes, lithographiés et coloriés, par M. *Oubigan*.

770. Plusieurs lithographies, sujets militaires, compositions diverses, caricatures, par MM. *H. Vernet*, *Bouton*, *Bourgeois*, *Villeneuve*, et autres artistes français, seront divisées sous ce numéro.

771. Les estampes et recueils de tous genres, non catalogués, seront divisés sous ce numéro.

OUVRAGES DE M. NICOLLE,

Consistant en Aquarelles, Dessins au lavis et dans diverses manières, Études, Livres de croquis, Calques, Eaux fortes, et quelques Études à l'huile.

772. Deux très-beaux dessins coloriés : l'un est une vue des restes du temple de la Concorde et d'une partie de l'arc de triomphe de *Septime Sévère* ; l'autre est une vue du pont Saint-Barthélemi sur le Tibre et du temple de Vesta.

773. Une belle aquarelle représentant diverses fabriques bâties parmi les ruines d'un temple; ce dessin d'un ton chaud est orné de figures.

774. Un précieux dessin à l'aquarelle, représentant un paysage d'un site pittoresque.

775. Une précieuse petite aquarelle, vue du château de Versailles, dessin de l'exécution la plus parfaite.

776. Une aquarelle très-précieuse, où l'on remarque sur une place de ville un charlatan entouré de curieux.

777. Une précieuse aquarelle représentant la maison de Michel-Ange.

778. Une très-jolie aquarelle ornée de figures, représentant une vue d'une des places de Rome.

779. Une précieuse aquarelle représentant une vue de place de Rome, ornée de figures.

780. Une très-belle aquarelle représentant une porte ruinée qui mène à quelques habitations bâties au milieu de ruines.

781. Un dessin très-soigné représentant le vestibule d'une maison d'Italie.

782. Un dessin très-fin d'exécution à l'aquarelle, représentant un paysage où l'on remarque dans le fond une maison de campagne, et sur le devant quelques figures près d'un canal.

783. Un dessin au lavis, à la sépia, représentant l'entrée d'un monastère ombragée par des arbres.

784. Une grande et précieuse aquarelle très-finie et à l'effet, représentant un paysage d'Italie; on remarque en avant un ecclésiastique, dans le fond on aperçoit le Colisée.

785. Un dessin très-fin d'exécution, représentant une vue d'Italie où l'on remarque une fontaine.

786. Jolie aquarelle où l'on voit à travers une porte l'intérieur de la cour d'une ferme.

787. Jolie aquarelle représentant une voûte à travers laquelle on voit les bords de la Seine.

788. Un petit dessin représentant une galerie souterraine avec quelques figures.

789. Très-joli dessin représentant le dessous d'une porte d'où l'on voit une rue de Rome ; dessin orné de figures.

790. Une autre jolie aquarelle, vue d'Italie.

791. Précieux dessin à l'encre de la Chine, représentant la porte Saint-Denis.

792. Un dessin à l'encre de la Chine, représentant un des péristyles de la cour du Louvre.

793. Un joli paysage très-fin d'exécution, dessiné à l'aquarelle; on y remarque un homme appuyé contre un arbre.

794. Une petite aquarelle de forme ronde, vue d'une ville d'Italie avec figures.

795. Petit dessin d'un effet piquant, représentant un lac entouré d'arbres.

796. Deux jolies aquarelles de forme ronde, représentant des sites agrestes d'Italie et ornées de figures.

797. Deux dessins très-fins à l'aquarelle, représentant des vues de ruines d'églises et ornés de figures.

798. Trois jolis dessins coloriés, dont un représente la vue du Palais-Bourbon.

799. Deux gouaches non terminées offrant des points de vues de ports de mer.

800. Trois dessins piquans d'effet, à la sépia, représentant un intérieur de cour et deux vues extérieures de fortifications. *Cet article pourra être divisé.*

801. Trois dessins coloriés et très-fins, vues diverses d'intérieurs de monumens. *Cet article pourra être divisé.*

802. Deux jolies aquarelles, vues d'Italie avec figures presque terminées.

803. Trois dessins non terminés à l'aquarelle, dont un représente un paysage où l'on voit Paris dans le fond.

804. Trois esquisses très-fines, coloriées; on y remarque la vue du Colisée.

805. Trois jolis dessins coloriés, représentant ; l'un une vue de la voie Appia près les marais Pontins, l'autre le dessous de l'arche d'un pont, et le troisième des tombeaux dans un souterrain. *Cet article pourra être divisé.*

806. Un très-joli dessin presque terminé, au bistre, représentant une fontaine surmontée d'arbres, et cinq autres

esquisses au lavis, au bistre et coloriées. *Cet article pourra être divisé.*

807. Deux jolies aquarelles, représentant des vues de monumens avec figures.

808. Quatre aquarelles presque terminées, offrant des vues de péristyles et de monumens d'Italie.

809. Quatre dessins, vues de château et de parc, non terminés, deux massés à l'aquarelle, un au trait.

810. Quatre grands dessins au trait et largement massés à l'effet, à l'aquarelle, représentant des paysages, points de vues et compositions.

811. Cinq aquarelles presque terminées représentant diverses vues, dont un château fort et divers paysages.

812. Six dessins précieusement terminés à la sépia et tous d'un effet piquant, offrant divers points de vues d'escaliers, de rivières et de selliers avec figures. *Cet article sera divisé.*

813. Dix autres dans la même manière, offrant presque tous des paysages. *Cet article sera divisé.*

814. Six jolis dessins, la plupart terminés à l'effet, au bistre, représentant des vues de ruines et autres ornées de figures. *Cet article sera divisé.*

815. Six jolies aquarelles presque terminées, représentant diverses vues et paysages.

816. Six esquisses intéressantes, capitales de composition, vues d'Italie et de Venise.

817. Six dessins précieusement tracés à la plume et commencés au lavis, coloriés, dont une vue de Paris.

818. Sept feuilles d'études de figures, les unes coloriées, les autres au trait seulement.

819. Sept dessins, esquisses au lavis, au bistre et coloriés.

820. Huit dessins intéressans et presque terminés à l'aquarelle, offrant diverses vues d'intérieurs d'églises et autres. *Cet article sera divisé.*

821. Huit dessins, les uns terminés à l'encre de la Chine,

représentant des paysages. *Cet article pourra être divisé.*

822. Huit autres dans la même manière, dont quelques-uns à l'imitation de *Boissieu*.

823. Douze petits dessins sur une feuille, représentant des paysages, dont trois sont terminés, les autres seulement indiqués.

824. Douze études avancées, à l'aquarelle, vues diverses et intérieurs avec figures et autres. *Cet article sera divisé.*

825. Dix croquis, offrant des sites intéressans, à la plume, au lavis et coloriés.

826. Dix croquis, offrant des points de vues riches et intéressans, à la plume, lavés au bistre et coloriés.

827. Dix autres.

828. Dix autres dans la même manière, dont la vue de l'église Sainte-Geneviève.

829. Dix croquis à la plume et au lavis, représentant des vues d'intérieurs d'églises et autres.

830. Dix croquis et esquisses à la plume, et lavés au bistre, paysages et vues diverses.

831. Dix jolis croquis à l'aquarelle, représentant le Colisée, des vues de voûtes et des paysages.

832. Douze croquis à la plume et au lavis au bistre.

833. Treize croquis coloriés, offrant des études de figures dans divers costumes.

834. Treize dessins précieusement commencés et non terminés, au bistre.

835. Quatorze dessins à l'aquarelle et gouachés, paysages d'après nature, non terminés.

836. Quatorze dispositions d'aquarelles, très-fines, mais non terminées, offrant diverses vues de châteaux et de parcs.

837. Trois dessins commencés, collés sur des planches.

838. Dix-huit dessins coloriés à l'aquarelle, études et groupes de figures de marins.

839. Vingt croquis à la plume et au lavis, offrant des sites de paysages et autres vues.

840. Vingt croquis, offrant, la plupart, des vues de ruines de monumens d'architecture, à la plume et au lavis.

841. Vingt croquis à la plume et au lavis à l'effet, au bistre et à l'encre de la Chine.

842. Vingt études, vues perspectives d'églises, souterrains d'architecture, au lavis et à l'aquarelle.

843. Vingt-six croquis légers, plans et vues diverses.

844. Vingt-six esquisses et croquis à la plume et au bistre, représentant diverses vues de Rome, presque toutes avec leurs noms. *Cet article intéressant pourra être divisé.*

845. Vingt-six feuilles d'études, de groupes, de figures et scènes diverses, les unes au trait, les autres à l'aquarelle. *Cet article pourra être divisé.*

846. Trente études au lavis, d'après divers détails de paysages et autres.

847. Quarante croquis et compositions, paysages et architecture.

848. Cinquante jolis croquis, la plupart à l'aquarelle, et dessins commencés, offrant diverses vues d'après nature. *Cet article sera divisé.*

849. Cinquante-quatre études avancées, à l'aquarelle, offrant des vues d'édifices et de places publiques, intérieurs divers, voûtes, ruines. *Cet article formera plusieurs lots.*

850. Soixante croquis, compositions et vues diverses, tracés à la plume et lavés à l'effet au bistre et à l'encre de la Chine. *Cet article intéressant formera plusieurs lots.*

851. Quatre-vingt-douze feuilles d'étude de figures, pour la plupart de marins, dans diverses attitudes et occupations. *Cet article sera vendu ensemble, ou séparément au choix des amateurs.*

852. Un lot fort intéressant de croquis coloriés, de diverses figures.

853. Une suite de dessins massés sur des traits de plume et à l'effet, offrant des sites agrestes, à l'imitation des estampes anglaises. *De forme ovale.*

854. Une suite intéressante de trente-six aquarelles de même dimension, disposées avec finesse et sentiment, re-

présentant des compositions et vues diverses de paysages. *Cet article formera plusieurs lots.*

855. Une suite de sujets religieux, composés, et croquis à la plume et au lavis.

856. Une suite de dessins à l'effet et touchés avec esprit, à l'aquarelle et au lavis, représentant des oratorio et vues diverses. *Cet article intéressant sera divisé.*

857. Une suite de petits dessins en hauteur, les uns seulement indiqués, les autres plus terminés, au lavis, à la sépia, offrant des vues, paysages, oratorio, intérieurs, etc. *Cet article formera plusieurs lots.*

858. Une autre suite de dessins du même genre en largeur, qui *formera aussi plusieurs lots.*

859. Un lot de petits croquis à l'huile et à la plume, sur des cartes.

860. Recueil considérable de petits croquis de M. *Nicolle*, massés légèrement à la plume et au lavis et qui lui servaient de souvenirs, représentant diverses vues d'Italie avec tous les noms des endroits qu'ils représentent, écrits au bas du dessin. *Cet article fort intéressant sera divisé ou vendu ensemble au gré des amateurs.*

861. Un portefeuille, contenant une suite de jolies études au trait seulement, quelques-unes commencées légèrement à l'aquarelle, représentant des vues d'Italie. *Cet article sera divisé.*

862. Plusieurs lots d'études au trait et légèrement massés au lavis, et portant les noms des vues qu'elles offrent, seront divisés sous ce numéro.

863. Plusieurs lots d'études au trait, faites en Italie et qui, pour la plupart, ont les noms des vues qu'elles offrent, seront divisés sous ce numéro.

864. Un lot de traits précieusement exécutés et qui pourra être divisé.

865. Plusieurs lots de calques tracés avec le plus grand soin. *Cet article très-considérable et qui offre beaucoup d'intérêt, sera divisé sous ce numéro.*

866. Huit livres de croquis, dont un très-riche en points de

vues et études dont quelques-unes à l'aquarelle et un
autre aussi fort riche en études au lavis. *Cet article sera
divisé.*

867. Onze petits cahiers, contenant des croquis. *Cet article
pourra être divisé.*

868. Un livre de croquis, contenant des petites vues légèrement indiquées à l'aquarelle.

869. Un autre, contenant aussi diverses vues massées au
lavis.

870. Trois livres de croquis très-précieux, contenant diverses esquisses à la plume et à l'aquarelle.

871. Trois livres de croquis, contenant divers croquis à la
plume et au lavis.

872. Trois livres de croquis à la plume et au crayon.

873. Sept livres de croquis au trait, à la plume et au
crayon.

874. Plusieurs cahiers d'études de figures, soit groupées,
soit isolées. *Cet article formera plusieurs lots.*

875. Plusieurs autres, dont les études sont massées au lavis, et qui formeront également plusieurs lots.

876. Treize livres de croquis par M. *Nicolle,* contenant
des traits au crayon ou à la plume. *Cet article sera
divisé.*

877. Cinq livres de croquis, dont les dessins sont pour la
plupart massés au lavis.

878. Vingt-sept livres de croquis de plusieurs dimensions,
qui seront divisés sous ce numéro.

879. Quatre eaux-fortes, par M. *Nicolle,* deux représentent des fontaines, une un canal, et l'autre une porte.

880. Trente-six exemplaires de trois sujets à l'eau-forte,
une caricature, et deux vues par M. *Nicolle.*

881. Une ébauche peinte à l'huile, représentant une vue
d'Italie; on remarque au second plan plusieurs fabriques
au bord d'un lac et quelques figures.

882. Un paysage non terminé, à l'huile.

883. Une ébauche à l'huile.

884. Une gravure coloriée, par M. *Nicolle,* représentant
l'arc de triomphe d'Auguste Vespasien.

885. Les ouvrages de tous genres de M. *Nicolle*, qui n'auraient pas été catalogués, seront divisés sous ce numéro.

Objets curieux, Ustensiles de peinture, de dessin, de gravures, Bosses, Empreintes et Objets divers.

886. Trois petits vases et deux lampes étrusques, en terre.

887. Un bas-relief en bronze, portrait.

888. Un lot de médailles et de monnaies anciennes en cuivre.

889. Un clavecin très-ancien, dont le dessin offre une peinture agréable, représentant Apollon et les neuf Muses, attribuée à *C. Lebrun*.

890. Plusieurs empreintes en soufre sur des camées et des médailles antiques, encadrées et séparées, seront divisées sous ce numéro.

891. Plusieurs bosses, bas-reliefs modernes et d'après l'antique, moulés en plâtre.

892. Divers ornemens de colonnes en bois, et pouvant se composer pour former différens ordres, et un des ordres d'architecture, en plâtre.

893. Plusieurs burins, pointes et outils de graveurs divers.

894. Des règles, des compas et des équerres seront divisés sous ce numéro.

895. Diverses plaques à broyer, et molettes en porphyre.

896. Une boîte à couleurs à l'huile, avec des palettes.

897. Plusieurs boîtes à couleurs anglaises, très-fines et autres, parmi lesquelles se trouve de l'outremer. *Cet article sera divisé.*

898. Plusieurs pains d'encre de la Chine, dont un fort beau. *Cet article sera divisé.*

899. Des crayons anglais, plusieurs lots de beau papier vélin de la Chine, et papier de toute espèce. *Cet article sera divisé.*

900. Un livre de croquis neuf, et plusieurs portefeuilles très-propres, seront divisées sous ce numéro.

901. Plusieurs bordures, dont quelques-unes avec leurs verres, seront divisés sous ce numéro.

902. Les objets omis de tous genres, seront vendus sous ce numéro.

www.ingramcontent.com/pod-product-compliance
Lightning Source LLC
LaVergne TN
LVHW021724080426
835510LV00010B/1130